韓非子(かんぴし)

悪とは何か

●

Kaji Nobuyuki

加地伸行

産経セレクト

S-027

序

本書は、元は平成元年に講談社から『韓非子――悪の論理』と題して刊行したが、今回、相当に手を入れ、書名を『韓非子――悪とは何か』と改めて、ここに刊行した。両者の意味は同じである。すなわち人間が持っている〈悪〉について、徹底的に考え、そしてそれにどのように対応すべきであるかということを、具体的な論法で述べているのが、『韓非子』である。

ただし、単なる技術書ではない。〈人間とは何か〉という永遠の難問に対して真っ向から立ち向って、解決のしかたを教えているその凄味が『韓非子』全編に溢れている。そこが『韓非子』の魅力となっている。

根元的に言えば、この世の生物は、すべて己れの生命を第一とする。己れが生きゆくことが最高善、そのためには何でもする。すなわち〈生物にとって利己主義は善〉なのである。

ところが、己れが一個であるときは利己主義は正しいものの、複数となったとき、利己主義は悪と化すのである。これが人間にとって根本的問題となる。

汝の敵を愛せよ——これは利己主義を越えようとすることばであるが、大半の者にとっては、空しい響きである。

人間は平等である——これも利己主義を越えようとすることばではあるが、大半の者にとっては、夢でしかない。

となると、人間は、個人ではなくて、集団の中で己れの利己主義をどのようにすれば良いのかという大問題の中で生きてゆかねばならない〈大苦〉を背負って生きてゆくこととなる。

そういうとき、古人の智恵を学ぶのが良いのではなかろうか。

もちろん、現代人と古人とでは、社会や環境が異なる。しかし、形式と異なり、生物としての人間という点では、共通するものが多い。

とあれば、そうした古人の智恵を顧みるのも悪くない。その古人の一人が、韓非子という人物であり、その主張や在りかたは、『韓非子』という書物として現代にまで伝わっている。

のみならず、この『韓非子』は、或る意味では、中国よりも日本において、よく読まれてきたのである。人間は生れつき善であるとする性善説に基づく『論語』と並んで、人間は生れつき悪であるとする性悪説に基づく『韓非子』が、よく読まれてきたのである。

現代は、古代社会と異なり、多種多様な考えかたや環境が入り乱れている。それだからこそ、われわれ現代人は、古典の知恵を心得て右往左往しないで生きてゆくことが肝腎である。その意味で、『韓非子』を読むことに大きな意味がある。

あえて言えば、右手に『論語』、左手に『韓非子』があれば、この世のあらゆることを鏡のように、映し出せることまちがいない。そしてそれは、己れの鑑となるであろう。

令和四年四月十日

孤剣楼　加地伸行

韓非子（かんぴし）——悪とは何か

◎目次

韓非伝　寺門日出男

中国における『韓非子』　滝野邦雄

装丁　神長文夫＋柏田幸子
ＤＴＰ製作　荒川典久

韓非子

一　しらみの悟り

三匹のしらみ（蝨。不潔にしていると人間や動物の皮膚に寄生し血を吸って繁殖する小寄生虫）がたがいに言い争っていた。そこへ一匹のしらみが通りかかり、尋ねた、「言い争っていなさるのは、どういうわけじゃな」。

三匹のしらみが答える、「吸ってうまいところをとりあいっこしておるんじゃわい」。

かのしらみ「お前さんがた臘祭（十二月に行われる祭。豚を炮って神様にお供えする）の季節になって、茅で焼かれることも心配せんと、いったいなにをしておいでじゃ」と言った。

これは大変とばかり、しらみたちはとりついている豚の血をいっしょになってチュウチュウ吸った。豚は痩せお供えにはお粗末になり、飼い主はこの豚を殺さなかった。

（説林下篇）

二　伯楽の教え

伯楽（春秋時代の馬の善し悪しをよく見分けた人）は、気にいらない弟子には千里の馬（一日に千里を駆けるようなすぐれた馬）の見分け方を教え、お気にいりの弟子には普通の馬の見分け方を教えた。千里の馬は世間に一匹いるかいないかのもの、見い出したにせよ元(もと)は取れない。普通の馬は毎日買い手がつくので、利益が多い。これこそ、『周書(しゅうじょ)』（『逸周書(いつしゅうじょ)』）という書物の「下言(かげん)〔下々(しもじも)の者の話を〕もて上(かみ)〔がそれを〕用ふれば、惑(まど)ふなり――やさしいことこそ、役にたつ」というものである。（説林下篇）

三　隣人の言い分

やくざな男と隣り合わせに住んでいた人がいた。そこで、やくざから因縁(いんねん)をつけられぬよう、家を売って災難から逃(のが)れようとする。

ある人がいう、「あの男の〔天がおめこぼしなさっている〕罪はもうすぐいっぱいになるんだよ。〔そうなれば天罰が下るのだから〕いましばらく我慢してみたらどうだい」と。

その答え「わたしは、やつがわたしに危害をくわえることで罪をいっぱいにするのがこわいのさ」。とうとう、どこかへ行ってしまった。

だから物に兆(きざ)しがあると、もたもたするひまなどないのである。（説林下篇）

四　中行文子の明察

晋国の大臣の中行文子が亡命しようとして、領地を通った。従者がいう、「ここの代官はご主人様の昔からのお知りあいではございませんか。どうしてここでしばらくお休みになって後からくる車をお待ちになりませぬのでございますか」。

中行文子は次のように言った、「以前わしは音楽を好んだ。すると、あの代官はわしに琴を献上してまいった。また、わしが珮（腰にさげる玉。おびだま）に夢中になると、代官は玉環（玉の輪。腰にさげる飾り）を献上する。これこそ、わしの過ちを助長させる人物であって、わしにとりいろうとするものである。こんどは、わしを利用して別の人にとりいろうとするのを恐れるのじゃ」と。そして、そこを立ち去った。果たして、代官は後れてきた〔中行文子の〕二台の車を捕らえて、〔新しい〕主君に奉った。（説林下篇）

五　あらぬ疑い

鄭国の人に一人の子がいた。この子が見習い役人になろうとして旅立つにあたって、その家人に言った、「壊れている垣根を必ず直しておいてください。このままでは、よくありません。盗人に入られますよ」と。その隣人もまた同じことをいった。

しかし時が過ぎても直さなかったので、果たして泥棒が入った。〔家人は〕自分の子は知恵があると考え、直すようにいってくれた隣人は泥棒ではないかと疑った。

（説林下篇）

六　よけいなお世話

何を小忠と言うか。

昔、楚国の共王が晋の厲公と鄢陵（鄭の地名）で戦った。楚国の軍は敗れ、共王は目を負傷した。その戦いのまっさいちゅう、部将の司馬子反はのどが渇いて、飲み物がほしくなった。小姓の穀陽がさかずきの酒をとって、勧めた。司馬子反がいう、「おや？　下げよ。これは酒じゃ」。「お酒ではございません」、小姓の穀陽が答える。そこで司馬子反は受取り、飲んだ。だいたい司馬子反は根っからの酒飲みでよく嗜んだ。だから、途中で止めることができずにぐいぐい飲み、とうとう酔っぱらってしまった。

さて戦いはもう終わってしまったのだが、共王はまた戦おうとして、人をやって司馬子反を呼んだ。司馬子反は胸の病と言って出てこない。

共王は、自ら車に乗ってやってきて、司馬子反のテントに入った。酒のにおいをかぐとそのまま帰ってゆき、こう言った、「今日の戦いでは、不穀（諸侯や王のへりくだった自称）自ら傷ついた。頼みとするところは、司馬子反であった。なのに、あのように酔っぱらっておる。これは、楚国のことを忘れ、部下たちのことに配慮を示さないものである。不穀はもう戦えぬ」。そこで、軍隊をとりまとめて帰ってゆき、司馬子反を斬って、大罪にあたるとした。

そもそも、小姓の穀陽が酒を勧めたのは、司馬子反に復讐しようとしたわけではない。心底から忠義を行ったつもりが、たまたま主人を殺してしまうくらいの忠義でしかなかったのである。だから、ちっぽけな忠義を行えば、大きな忠義の妨げになるというのである。（十過篇）

七　目先の利に目がくらむ

目先の利に目がくらむとは、どういうことか。

昔、晋国の献公が虞国に道を借りて〔そこを通過して〕虢国を攻めようとした。晋国の重臣荀息が言う、「殿様。垂棘（地名。美玉を産する）で取れた宝玉と、屈（地名。名馬を産する）の乗（四頭立ての戦闘用の馬車）とを虞公にお贈りし、道を貸してくれるよう要求なさいませ。きっと、わが晋に道を貸してくれますでしょう」。

献公は言う、「垂棘の宝玉は、わが先代の宝物じゃ。屈の馬はわしの駿馬じゃ。もしも、それを贈ったものの、道を貸してくれなければ、いったいどうなるのじゃ」。

荀息が言う、「彼の国が我々に道を貸さなければ、きっと贈り物にあえて手をつけません。もし、我々の宝物を受けて道を貸せば、自分の家の蔵から取り出して、外の蔵に置くようなもの。馬は自分の馬屋から取り出し、外の馬屋につないでおくようなものでございます。殿様、ご心配めされるな」。献公は、「よし」と言う。

そこで荀息に、垂棘の宝玉と屈の馬とを虞公に贈って、道を借りにゆかせた。虞公は宝玉と馬とがほしくなって、その願いを聞き入れようとした。

すると臣下の宮之奇が諫めて言った、「お許しになってはいけません。そもそも虞国に虢国がありますのは、車に輔（そえぎ。車輪がはずれないように補強する木）があるようなものです。車と輔とはたがいに補いあうものです。虞と虢との位置関係はまさしくこれでございます。もしも、道を貸したならば、虢が朝に滅ぼされ、虞が夕方にその後を追うことでしょう。いけません。どうぞお聞きなさりませぬように」。

しかし、虞公は諫めを聞かなかった。かくして道を貸してしまった。

荀息は虢国を攻めて勝ち、凱旋した。三年たって、軍をおこして虞国を攻撃し、また勝った。荀息は〔戦いに勝ったので〕奪いかえした馬を引き、同じく奪いかえした宝玉を取り出して、献公に奉った。

献公は喜んで言った、「宝玉はもとのままじゃ。じゃが、馬の歯はますます伸びおった（馬の年齢は歯でみる）」。

そもそも、虞公の軍が敗れて、領地が削られることになってしまったのはなぜか。目先の利益に目がくらんで、その弊害に気がつかなかったからである。だから、小さな利益に気をとられると、大きな利益を台無しにしてしまうというのである。（十過篇）

▼この話は喩老篇にも見え、「輔は車に依り、車も亦輔による」ということばが「唇　亡べば、すなわち歯　寒し」となっている。

八　子を知るは親にしかず

どういうことを、過って忠臣の言に従わないと言うのか。

昔、斉国の桓公は覇者（リーダー）となって、あわせて九回、諸侯を会合させ、天下の秩序を正し、五伯（春秋時代の五人の覇者）の筆頭となった。宰相の管仲がそれを補佐した。

その管仲が年をとって、政治を執ることができなくなって、家に隠居した。

桓公は出かけていって問うた、「仲父（管仲を尊んで言う）は隠居して病気になってしまった。もし不幸にしてこの病気が回復しなければ、誰に国を治めさせればよいだろうか」。

管仲が言う、「わたくしは、老いさらばえてしまいました。お尋ねになっても仕方のないこと。ですが、わたくしは『臣のことは君がいちばんよく知っている。子供のことは父親がいちばんよく知っている』というふうに学んでおります。殿様、ご自身の思うままにお決めになってはいかがですか」。

桓公は言う、「鮑叔牙ではどうだろう」。

管仲、「だめです。鮑叔牙は剛腹で勇ましいことを好みます。剛だったら暴力で民をあつかいます。片意地ですので民の心を得られません。勇ましいので下々のものが言うことをききません。その心持ちは畏れることをしりません。覇王の補佐たるべきものではありません」。

「豎刁はどうじゃ」。

管仲、「いけません。そもそも、人の情として自分自身を大切にしないものはおりません。殿様は嫉妬深く女性を好まれます。豎刁は自分から去勢し、〔宦官となって〕殿の女性の取り締まり役になりました（宦官だけが後宮に出入りすることができる）。去勢するために自分の身を傷つけた者が、どうして殿様を大切にしましょうか」。

「そうすると、衛国の公子開方ではどうか」。

「だめです。斉と衛との距離は、行くのに十日にすぎません。開方は殿様に仕えて、殿様の意向に沿おうとするがため、十五年ものあいだ里帰りして両親に会うことをしませなんだ。これは、人情に反しております。父母にすら親しまない者が、その君に親しむものでしょうか」。

桓公が言う、「では、易牙ではどうか」。

管仲、「いけません。易牙は殿様のために厨房を執りしきっておりました。ところが、殿が食べたことがないのは人肉だけとなりましたら、易牙は自分の長男を蒸して、殿に勧めました。これは、殿様もご存じのこと。人の情としてその子を愛さないものはおりません。なのに、その子を蒸して殿の膳に差し出したのです。自分の子ですら愛さないのです、どうしてよく殿様を愛しましょうか」。

「では、いったい誰がよいのじゃ」。

「隰朋だとよいでしょう。彼は、心持ちが正しく行いが清廉で、欲が少なく信義に厚うございます。そもそも、心持ちが正しければ、人々の手本とすることができます。行いが清廉ですから、おおいに任用できます。欲が少ないですから、うまく民を統治いたしましょう。信義に厚いですから、隣国ともうまくゆきましょう。これこそ、覇者の補佐というもの。殿様、隰朋をご登用なさいませ」。

桓公は、「わかった」と答えた。

一年あまりして管仲が亡くなった。ところが桓公は隰朋を登用せずに、豎刁に政をまかせた。

豎刁が、政治をみるようになって三年、桓公は、南方の堂阜というところに遊んだ。すると豎刁が、易牙、衛の公子開方や大臣達を率いて反乱を起こした。桓公は飢えて、行宮の寝室で死んだ。遺体は三ヵ月放置され、うじ虫が寝室の戸まで這い出てきた。

そもそも、桓公の軍隊は天下を駈けまわり、五伯の筆頭となったのに、最後には臣下に殺される。名声を台無しにし、世間のもの笑いになったのは何故だろうか。それは管仲の忠告をきかなかった誤りにある。だから、過って忠臣のいうことをきかず、勝手気ままを行えば、人の笑い者になる端緒となるというのである。（十過篇）

九　君主のありかた

道とは、万物の根源、是非判断のかなめである。であるから、明君はこの根源（道）を守りとおして、万物の根源を理解し、かなめを治め、成功や失敗の原因を知る。だから、君主たるものは、虚静（虚心と平静と）で対処し、自分はものを言わずに、事にあたる者にその事を言わせ、自分は事を決定せず、事にあたる者にその事を決めさせる。虚心であれば実情がわかるし、平静であれば行動の善し悪しが知れる。君主に言いたいことのある者は自分から主張するであろう。何か事にあたりたい者は業績を示そうとするであろう。名実が一致しておれば、君主はなにもしなくても実情がはっきりしてくる。

だから次のようにいう。君主は欲していところを悟らせてはいけない。君主が欲しているところを示したら、臣下の者がそれに合わせて自分を飾りたてるだろう。君主は意見を言うべきではない。君主が意見を言えば、臣下の者がそれに合わせて自分を偽るであろう、と。

だから、好みを去り、悪を去れば、臣すなわち素（本性）を現す。旧（先入観）を去り智（巧智）を去れば、臣すなわち自ら備う（真剣に対処する）というのである。

そこで、知恵があっても、それをもって物事を判断せず、まわりの者に自分の職分をわかるようにさせる。君主が賢者であっても、その賢明さを行動に現さず、臣下の従うところを観察する。勇気があっても〔自分の勇気の尺度でもって、臣下に対して〕怒るようなことはせず、臣下にそれぞれの武勇を尽くさせる。さればこそ、知恵を去って聡明さがえられ、賢明さをなくすことで業績があがる。勇気を棄てさせることで武勇が得られる。

臣下には職分を守らせ、官僚には常法をもたせる。能力によってそれぞれを使う、これを習常（常のまた常）という。

そこで、君主はひっそりとし、その地位を意識せずに位にいて、臣下は君主がどこにいるかわからない。明君は上にいて無為にしていながら、臣下はその位にいて恐れ戦く。明君の道というものは、智者に思いを尽くさせて、自分はそれによって物事を判断する。

そういうわけで、君主は考えにゆきづまることはない。賢者にはその才能を試し、君主はそれによりかかって任せる。だから、君主は能力が窮まりなく、功績があれば、それを自分のものとし、誤りがあれば、臣下にその罪を転嫁する。だから、君主は名誉が窮まりないのである。

こうしたことから、賢者でなくても賢者の師となり、智者でなくとも智者の長となる。臣下のものが苦労し、君主はその功を得るのである。これを、賢者の経（常法）というのである。（主道篇）

一〇　己を知る道

世の中には、さだめというものが三つある。一つは、人知ではおよびもつかない事。二つは、力が強くても持ち上げることができない事。三つは、強くても勝つことができない事。

だから、〔仮に〕堯（古代の伝説上の帝王。理想の帝王とされる）のような知恵があっても、衆人の助けがなければ、大功はうちたてられない。〔同じく〕烏獲（戦国時代の力持ち）のような強さがあっても、人の助けが得られなければ自分自身を持ち上げることはできない。孟賁・夏育（両者とも戦国時代の勇者）の勇気があっても、法術がなければ長生きできない。だから、情勢にはどうともできないものがあり、事にはしようのないことがある。

烏獲は千鈞の重さでも軽いとするが、自分の体は〔自分で持ち上げられないので〕重いとする。その体が千鈞より重いというのではない。状況が不利だからである。離朱（離婁ともいう。黄帝の時の人。千里眼の持ち主）は百歩先をたやすく見分けられるが、自分の眉毛とまつげとは難しいという。百歩が近くて眉毛とまつげが遠いというわけではない。見るすべがないだけである。

したがって、明主は烏獲が自分を持ち上げられないといって苦しめることはないし、離朱が自分を見られないといって困らせはしない。うまくゆく状況によってうまくゆくような方法をさがしだす。そんなに力をつかわなくても功名がたつ。時には満ち欠けという変化があり、事には利害があり、物には生死がある。君主たるもの、この三つに気をとられ喜怒の情をあらわしたなら、金石のような堅さをもった忠臣であっても、気持が君主から離れ、聖賢の徒も君主を深く推し量ろうとする。

そもそも、明主は他人を観察するが、他人に自分を観察させないのである。堯は独りでは成し遂げられないこと、烏獲は自分自身を持ち上げられないこと、孟賁・夏育は自分には勝てないことなどをはっきり理解すれば、観行（自分の行いを見る）の道は完成するのである。（観行篇）

一一　礼とは

礼とは情（内面）を飾るためのもの。いろいろな義（君臣上下の関係・父子貴賤の差・知人友人の付き合い・親疎内外の分など）の飾りである。君臣父子の付き合い方や貴賤賢愚を分別する手段である。

たとえば、心の中で思っているだけではそれを悟られないので、〔目上の人の前では〕こ走りで歩き（態度を小さく見せ敬意をあらわすために、歩く足はばを短くする）、頭を低くして拝して自分の気持をわからせるのである。実際に好意を抱いていても相手はそれがわからないので、好いことばをかさねることで、それを信じさせる。

礼とは外を飾って自己の内面をわからせる手段なのである。だから「礼は情を飾るためのもの」（現存の『老子』にはないが、『老子』の欠けた文だったかもしれない）というのである。

およそ、人が外界の事物の影響をうけて行動するのは、礼が自分のためにするもの（自分の修養のため）であるということを知らないからである。

普通の人々が礼を行うのは、それが他人を尊ぶことであるからだとする。そこで、懸命にする時もあり、いいかげんにする時もある。君子が礼を行うのは自分自身の修養のためである。自分の修養のためであるから、これを伸（神）展させるのを最高の礼とする。上礼は伸展させるだけなのだが、衆人は懸命にしたり、いいかげんにしたりで態度が一定しない。だから、最上の礼に応えられない。「上礼をなすとも、これ（その礼）に応ずるなし」（『老子』三十八章）と言うのである。しかし、衆人は態度が一定しないけれども、聖人は恭しくし敬う。手足を動かし礼を尽くして怠らない。そこで「形を整へて礼を行う」（『老子』三十八章）と言うのである。（解老篇）

一二　扁鵲のみたて

形あるもの、大は必ず小より起こり、持続的にあるもの、多数は必ず少数から起こる。だから、「天下の難事は、必ず易に〔新しく〕作こり、天下の大事は、必ず細かなることに起こる」（『老子』六十三章）というのである。そこで物を制御しようとするものは、些細なうちに行う。だから、「難きはその易に図り、大〔事は〕その細かなる〔うち〕に〔始末を〕為す」（『老子』六十三章）という。

千丈（約二・二五キロメートル）の長さの堤も、けら（螻蛄。三センチ前後のコオロギに似た昆虫）やあり（蟻）のあけた穴から崩れていく。百尺（約二十二・五メートル）もある家も、煙突の隙間からもれた火の粉で火事になる。そこで白圭（戦国時代の水利技術家）は堤を見回っては穴をふさいでまわり、老人は火の元を注意して隙間をふさいで回った。そのおかげで、白圭は水害にあわず、老人は火災にあわなかったのである。

こうしたことはすべて、簡単なことを慎んで災難をさけ、細かいことに気をつけて大事にいたるのを逃れたものである。

扁鵲（名医。のちには名医の代名詞となる）は蔡国の桓侯（公）に拝謁した。立ったまましばらくして、扁鵲が言った、「お殿様。病が肌の隙間にひそんでおります。ご治療になりませんとおそらく体の奥底に入ってしまいましょう」。桓侯は、「寡人（諸侯が自分を謙遜していう）は、なんともない」と言う。扁鵲は退出する。桓侯は言う、「医者というのは、病気でないのを治してえらそうな顔をするのが好きなものなんじゃ」。

十日たって、扁鵲がまた拝謁して「殿様のご病気は皮膚にしのびこみましたぞ」と言う。桓侯は答えなかった。扁鵲は退出する。桓侯はさらに機嫌が悪くなる。

十日たって扁鵲は三たび拝謁して言った、「殿様の病気は胃腸にはいりましたぞ。治療なさらなければ、ますます深くなっていきますでしょう」。

桓侯は答えなかった。扁鵲は退出する。

桓侯はますます機嫌が悪くなる。

十日たって、扁鵲は桓侯を遠くから見て、逃げていってしまった。

そこで桓侯が人をやってその理由をたずねさせる。扁鵲は言う、「病気が肌の隙間にあれば、薬湯の湿布を貼る治療で間に合います。皮膚にしのびこんでおれば、石の針で治せます。胃腸にあれば、薬酒で治療します。ところが、骨髄にはいってしまえば、もう司命（人間の命を司る神）の思うままです。どうしようもできません。いま、病気は骨髄にあります。こういうわけでわたくしはおいとまを申し上げませんでした」と。

五日たって、桓侯の体が痛みだした。人を出して扁鵲をさがさせたが、もう秦に逃げたあとであった。かくして桓侯は死んでしまった。

だから、名医が病を治療するのは、肌の隙間にあるときに行うのである。これは、小さいうちに始末するのである。さて、物事の禍福にも肌の隙間にあるようなときがあるもの。だから、聖人は早めに行動を起こすのである。（喩老篇）

一三　大器晩成

楚国の荘王（春秋五覇の一人。勝手に「王」と名乗っていた。鼎の軽重をたずねた逸話でも有名）は即位してから三年、何の命令も出さず、政治を顧みなかった。

右司馬（陸軍大臣）がそばに座して、荘王と隠（なぞかけ）をして言った、「鳥がいて、南の阜（石のない岡。楚国は南方にある）にとまっております。三年のあいだ、はばたきはせず、飛びもしません、鳴きもしません。だまりこんで声がありません。これは何と名付ければよいのでしょうか」。

荘王は言う、「三年ははばたきせなんだは、羽翼（はねとつばさと。補佐役のこと）を育てようとしたからじゃ。飛ばず鳴かずじゃったのは、民を治める法則を知ろうとしたためじゃ。飛びはせんじゃったが、飛べば必ず天にまで達しようぞ。鳴きはせんじゃったが、鳴けば必ず人を驚かせようぞ。なんじ、すておけ。不穀（諸侯の自称）はよく存じておる」と。

半年たった。そこで、政治を執った。廃止したもの十件。新規に起こしたもの九件。大臣を死刑にすること五人。かくれていた名士を抜擢すること六人。国内はおおいに治まった。そして、軍を起こして斉国を攻撃し、その軍を徐州（山東省の地名）で破り、晋国と河雍（地名）に争って勝ち、諸侯を宋国で会合させた。かくて、天下の覇者となった。

荘王は小さな善行などには目もくれなかった、だから大きな名誉を得た。また、早くから才能を現さなかったから、大きな功績があがったのである。

こういうことから、「大器は晩成す――大器（偉大な器量の持ち主）は大成するのが晩く、大きな音はかえってその音が聞き取れないものだ」（『老子』四十一章）というのである。（喩老篇）

▼この逸話は、『史記』楚世家・『呂氏春秋』重言篇・『新序』雑事二などにも見える。

一四　心の葛藤

子夏（孔子の弟子）が曾子（孔子の弟子の曾参）に会った。

曾子が言う、「ずいぶん肥えられましたな」。

子夏「争いに勝ったのです。ですから肥えました」。

曾子「どういう意味ですか」。

子夏「わたしは、先生のところで古の聖君・賢王の道を聞くと、いいなぁと思いました。先生のところを出てきて、お金持ちが楽しんでいるのを見ると、これもまたいいものだなぁと思いました。この両者が心で葛藤いたしました。〔どちらがいいのか〕決着がつかなかったので、〔悩んで〕痩せておりました。ところが、今や聖君・賢王の道がよいと思えるようになりました。〔どちらがいいというように悩まなくてよくなったの〕ですから、太ってきました」と答えた。

こういうわけで、志を立てることの難しさは、人に勝つことではない。自分に勝つことが難しいのである。だから、「自に勝つをこれ強と謂ふ――おのれに勝つもの

をほんとうの強者という」（『老子』三十三章）のである。（喩老篇）

一五　統治の最上の状態

聞くところによると、昔の、上手に人を用いた君主は、必ず天の法則に従い人の情に従って、賞罰をはっきりさせたという。天の法則に従えば、労力は省かれ業績があがる。人の情に従えば、刑罰を用いることが少なくて命令が行われる。賞罰をはっきりさせると、伯夷（クーデターを起こそうとした人を諫めて受けいれられず辞職し、首陽山に蕨を採って生活したが、餓死したという殷末の賢者）・盗跖（跖という名の大泥棒）もごっちゃになりようがない。〔賞罰を明らかにする〕このようにすると、白黒がはっきり分けられるのである。

国を治める臣下は国に貢献してその官につき、能力を十分に発揮して各々の職を授けられ、懸命に法に尽くして職務をつとめる。人臣はすべてその能力に応じ、その職分に堪え、その任務を軽々と行い、力を余すところがなく（仕事がちょうどその能力に適応している）、職分を兼ねるという責任を負うことはない（これは法家の考え。「臣は、官を越えて功有るを得ず――臣は自分の職分を越えて功をたてることはできない」二柄篇）。

だから、恨みによる反乱はないし、外には馬服の憂がない（馬服——趙括のこと。兵法理論はよく知っていたが実践経験の乏しい趙括が、反対をおしきって戦って敗れたことを指す）。

明君は仕事がまたがるようにはしない、だから争いごとはない。臣に官職をかけもちさせないから、その能力は伸びる。業績を競わせないので、いさかいがない。争いがなく、能力が伸びると、強弱を比べあうこともない。氷と炭とのように形が異なっても、天下の人々がたがいに損ないあうことがない。これこそ国家の治まった最高の状態である。（用人篇）

一六　刑罰の用い方

昔のうまく国を守る人は、重刑でもって軽犯罪を禁止した。人が違反できないような厳しい法律によって、容易に罪を犯すのを禁止した。だから、君子であれ小人であれ正しく行ったし、盗跖（跖という名の大泥棒）と曾参（孔子の門人。孝子として有名）・史魚（春秋時代の衛国の人。孔子がほめた）〔それぞれ〕に代表される小人・君子も、ともに禁令を犯そうとはしない。

どうしてそれがわかるのか。

そもそも、欲張りな盗人も谷底に下りていってまでしてお金をとろうとはしない。谷底に下りていってお金をとれば、〔己れの〕命の保証がないからである。孟賁・夏育（両者とも戦国時代の勇者）も敵の力を量らなくては、勇名をとどろかすことはできない。盗跖も事の成否を考えなければ、窃盗の利益が得られない。

賢明な君主が禁令を徹底させると、孟賁・夏育が勝つことができないほどのものに仮に勝っても、制裁を受け、盗跖が〔危なくて〕盗むことができないほどのものを盗んでも処罰される。そこで、孟賁・夏育ですら勝つことのできないことまで禁止し、盗跖ですら盗めないところまで取り締まることができるのである。

すると、暴れんぼうでも慎みぶかくなり、よこしまなものでも正しくなる。大勇者が慎み、大泥棒が正しくなったなら、天下は公正で、人民すべての心情も正しくなる。

（守道篇）

▼内儲説篇上に「商鞅の法は、軽犯罪を重く取り締まった。重罪は人の犯しにくいものである。小さな間違いは人の避けやすいもの。やさしいところを避けさせ、犯しにくいところ

を避けさせる。これが統治の道である」とある。

一七　国家を安定させる道、危うくする道

国家を安定させる道に七つある。国家を危うくする道に六つある。

安定させる道は、㈠賞罰が是非にかなっている。㈡天のあたえる禍福が善悪にかなっている。㈢法によって決定する生死が法にかなっている。㈣賢愚による〔客観的な〕判断はするが、愛憎による〔主観的な〕判断はしない。㈤能力によって判断することはあっても、毀誉褒貶に影響はされない。㈥尺寸（法律）によって判断することはあるが、勝手に意度（推し量る）することがない。㈦信義はあるが、詐りがない。

危うくする道は、㈠墨縄（法律にたとえる）の内側で木を斬る（私情で法を曲げる）。㈡法律によらず、任意に処罰する。㈢他人の災難を利益とする。㈣他人が禍いとするところを楽しみとする。㈤他人の平安な生活を危うくする。㈥愛すべき臣に親しまず、憎むべき臣を遠ざけない。このような危うくする道であれば、人々は人生を楽しむすべをなくしてしまい、その死が重大であることを忘れてしまう。もし人が人生を楽しまなければ、君主は尊ばれない。死が重んじられなければ、命令が行われない。

（安危篇）

一八　外面に騙されるな

孔子の弟子の澹台子羽は、見かけは君子のような容貌だった。そこで孔子は、きっとりっぱな人物に違いあるまいと期待し、おおいに評価していた。ところが、長くいっしょにいるうちに、その行状が容貌につりあわない見かけだおしの男であると気がついた。

　また孔子の弟子の宰予は、ことばづかいが典雅で美しく修飾されていた。そこで孔子は、きっと頭のきれる人物に違いあるまいと期待し、おおいに評価していた。ところが、長くいっしょにいるうちに、その知恵が弁舌ほどではない口先だけの男であると気がついた。

　だから孔子はこう言った、「容貌で人を評価し失敗した。澹台子羽がそのよい例だ。ことばで人を評価し失敗した。宰予がそのよい例だ」と。孔子ほどの賢者でさえも真実を見誤ったと慨嘆しているのである。

　まして当世、新進の弁士たちの弁舌は、宰予に輪をかけ口達者であり、おまけに世間の君主の耳は、孔子よりもずっと惑わされやすい。君主がその甘言に魅了され、そのまま弁士を任用するなら、どうして失敗なしにすまされよう。

だから、魏国は孟卯という男の弁舌を過大評価し、彼を任用したために華下で〔戦ったときに大敗するという〕災厄を招いたのである。また、趙国は馬服という男の弁舌を過大評価し、彼を任用したために長平で〔戦ったときに大敗するという〕災禍に遭ったのである（一五「統治の最上の状態」参照）。以上の二例は、弁舌を過大評価して人を任用したために起きた失敗である。

そもそも、錫の鍛錬（金属に焼きを入れて打ちきたえる）の具合を見、青とか黄とか焼き色を調べるだけでは、刀作りの名人の區冶でさえも剣の善し悪しを判定することはできない。けれども、水辺で鵠（白鳥）や雁（かり）を試し切りし、路上で馬を切り殺してみれば、どんなに無知な奴隷でも、剣の切れ味を判断することができる。

また、馬の歯や唇を調べ、その外形を眺めただけでは、馬の名鑑定家である伯楽でさえも馬の善し悪しを判定することはできない。けれども、車につないで競走させ、その走る行方を見てみれば、どんなに無知な奴隷でも、名馬かどうかを判断することができる。

いったい、容貌を見、ことばを聞くだけでは、孔子でさえも士人の優劣を判定することはできない。けれども、その男を試みに官職につけ、その功績を参照すれば、どんな凡人でもその男の賢愚を判断することができる。

だから、賢明な君主の臣下たちの場合、宰相は必ず地方役人から〔出発して〕実績によって昇進してくるし、猛将は必ず一兵卒から〔始まり、その後の〕実績によって昇進してくるものである。実績のある者には必ず恩賞を施すように努めれば、爵位・俸禄が厚くなるにしたがって、ますます精励するであろうし、官位・等級を次々に昇進させてやれば、官位・職務が重くなるにしたがって、ますます実績をあげるであろう。

このように、臣下たちが爵禄にしたがって精励し、官職にしたがって実績をあげることこそ、真に王者となるべき道なのである。（顕学篇）

一九　儒家・墨家の偽り

近ごろ世間で人気のある学派は、儒家と墨家とである。儒家の親玉は孔丘（孔子）であり、墨家の親玉は墨翟（墨子）である。

さて孔子の死後、儒家は、子張派、子思派、顔氏派、孟氏派、漆雕氏派、仲良氏派、孫氏派、楽正氏派に分かれた。同様に、墨子の死後、墨家には、相里氏派、相夫氏派、鄧陵氏派が出てきた。つまり、孔子・墨翟の死後、儒家は八派に分かれ、墨家は三派に分かれたのである。

ところで、その学説は、それぞれ相い反してばらばらであるにもかかわらず、彼らはみな、自分こそが孔子あるいは墨子の正統を継ぐ者なのだ、と言っておる。しかし、孔子・墨翟が亡くなった以上、いったいだれに学派の真偽を判定してもらおうというのだ。

そもそも、孔子にしても墨翟にしても、両者ともに聖天子の堯・舜の名を口にするが、〔孔・墨両者の〕その学説は相い反している。にもかかわらず、彼らはどちらも、自分こそが堯・舜の正統を継ぐ者なのだ、と言っておる。堯・舜が再び現れようのない以上、いったいだれに儒・墨の当否を判定してもらおうというのだ。

殷・周の時代からは七百年余り、虞・夏の時代からは二千年余りたっているにもかかわらず、儒家・墨家諸学派の真偽・当否を判定することができないのである。それなのに、このいま、三千年も昔の堯・舜の道を明らかにしようとするのは、どだい無理な話ではないか。

確証もないのに断定してかかるのは、愚か者のしわざ、断定もできないのにそれを論拠とするのは、ペテン師のしわざである。とすれば、あからさまに先王の事績を論拠とし、これこそが堯・舜の道だ、と断定してかかる輩は、愚か者でなければペテン師であろう。

愚か者やペテン師の主張する学説、雑然として矛盾の多い行動は、賢明な君主ならば決して受けつけはしないであろう。（顕学篇）

二〇　仁政よりも法の政治

今、或る人が「あんたを、必ずもっと賢く、もっと長生きさせてやろう」と言ったとすれば、世間は必ず冗談と思うに違いない。なぜなら、頭の善し悪しは持って生まれた天性であり、寿命は運命だからである。

天性や運命というものは、人から学び得るようなものではない。にもかかわらず、人の力ではどうしようもないことを人に説教するので、世間から戯言だとされるのである。

言っても詮ないことであれば、これこそ媚びへつらいというものであろう。本性にかこつけて、仁義によって人を教化しようなどというのは、知恵や寿命を餌にして説教するに等しいことである。そんなものは、国政のつぼを押さえた賢明な君主にとって容認できないことである。

だから、たとえば〔伝説的な美人の〕毛嬙や西施の美をほめたたえても、我が面がまえには何の役にもたたない。それくらいなら、白粉、眉墨なぞを使ってお化粧すれば倍にも綺麗になろうというものである。

古き良き王様たちのごりっぱさ（仁義）を言っても実際の政治には無益だが、私の主張する法や規律を高らかに掲げ、賞罰を確実に行うことこそ国家にとっての白粉、眉墨と言えよう。だから明君はその法律や規則の役割を大切にし、先王の仁政を賛美することなどに熱心ではない。だから私は仁義なぞを説かないのである。（顕学篇）

二一　民心を得ること

政治のしかたを知らない連中にかぎって「民心を得よ」と言う。民心を得ただけで政治ができれば、伊尹や管仲といった有能な政治家の出番もなく、民衆の言うままにすればよいだけということになる。〔しかし〕民衆の知恵が何の役にもたたないことは、まるで赤子の心みたいなものである。赤子が病んでいる時、頭を剃〔って血の気を散〕ら〔さ〕ないといよいよ腹痛を訴えるし、はれものを切り取らないとますます広がる。頭を剃ったり、はれものを切り取ったりするときは、必ず一人が赤子を抱き、母親が治療するのだが、それでも泣き止まないのは、赤子が小さな苦しみを堪え忍べば楽になることを知らないからである。

いまお上が田を耕し、草取りをするように叱咤するのは、民衆を豊かにするためであるが、民衆はこのような為政者を残酷だと言う。

刑を整え、罪を重くするのは、それによって邪悪を封じようとするからであるが、民衆はこのような為政者を厳しいと言う。

税金や穀物を徴収して倉庫をいっぱいにするのは、それによって飢饉から救ったり、戦費の準備とするためなどであるが、民衆はこのような為政者を貪欲だとする。

国民が必ず兵役につとめ、勝手に怠けず、力を合わせて闘うのは、敵をより多く捕まえて奴隷にするためであるが、民衆はこのような為政者を暴虐だと言う。

これら四つのことは、政治が安定する条件であるが、民衆が喜んだためしがない。

君主が聖人・賢人を求めるのは、民衆の知恵などというものは用いるに足らないものだからである。

その昔、禹王が長江（下流がいわゆる揚子江）に堤防を築き、〔あるいは〕黄河の底をさらい、治水につとめたとき、民衆は瓦礫を集めて投げつけた。また、鄭国の子産が開墾につとめ、養蚕に励んだとき、鄭の人々は彼を罵ってばかりいた。禹は天下を豊かにし、子産は鄭の人々を救ったのに、罵詈雑言の数々を浴びせられたことを見ても、民衆の知恵がとるに足らないものであることがよくわかる。

だから、儒家や墨家のように、清廉潔白の士や賢人を求め、民意に沿った政治をしようなどというのは、国が乱れるもとであり、そのようなことでは政治がうまくいく道理がない。（顕学篇）

二二　待ちぼうけ――守株

宋の国に、或る農夫がいた。田んぼの中に切株があって、飛びだしてきた兎がその切株に〔たまたま〕ぶつかって首の骨を折って死んだ。この農夫はそれを見て鋤を捨て、この切株を見張って、また兎を捕まえたいものだと思った。しかし二度と捕まえることができず、宋の国の笑い者となった。

いま、昔の偉大な王の政治を真似して今の世の民衆を治めようなどとするのは、この切株を見張っている農夫と同じようなものだ。（五蠹篇）

▼唱歌「待ちぼうけ」の歌はここから生まれた。

二三　政治は世相とともに変化する

堯が天下を治めていたとき、茅ぶき屋根の茅の端を切りそろえず、櫟の垂木に鉋もかけないような粗末な家に住み、玄米ときびとを食べ、あかざや豆の葉の吸物をすすり、冬は鹿の皮衣、夏は葛糸で織った粗末な服を着ていた。今では門番の衣食さえそれよりましというものであろう。

禹が天下を治めていたときは、自身が鋤を握り、民衆の先頭に立って働いたので、擦り切れて股にも脛にも毛さえ生えなかった。今では奴隷の苦労でさえこれよりましというものだ。

このことから考えてみるに、昔は王様の位を譲るといっても門番が〔自分の〕サラリーを捨てたり奴隷の労苦から逃れたりするようなもので、天下を譲ったといってもそれほどほめたたえるほどのことでもない。今の知事ならば、いったん死んでも子々孫々〔は〕馬車を乗り回せる暮らしができるから、人はその地位に一目置くのである。すなわち人が地位を譲る場合、昔の王様は自分の地位をやすやすと手放し、今は知事の地位さえ捨てがたいのは、利益に多い少ないの差があるからだ。

　山で谷水を汲み上げているような人は、いわば季節の挨拶に水を贈るが、水辺に住んで水害に苦しむ人は人を雇ってまでして〔排〕水路を設ける。不作の春には幼い弟でさえろくろく食べることができないのに、豊作の秋には親しくもない客までもてなす。それは、親兄弟を疎んじているわけでも通りすがりの客が好きなわけでもない。収穫に多い少ないの差があるからである。

　すなわち昔の人が財産に執着しなかったのは気前がよいからではなく、財産が多かったからである。今、争い奪いあうのはケチになったからではなく、財産が少ないからである。天子の位をやすやすと手放すのは志が高いからではなく、その権勢が大したものではなかったからである。今、官位を奪いあうのは世相が悪くなったからではなく、その権力が強大だからである。

だから聖人は財産の多少、利権の多寡を考え合わせて政治を行うのであり、そのゆえに、刑罰が軽くても慈悲深いわけでもなく、重くても暴政というわけではない。世相に応じて政治を行っているだけである。だから物事は世相によって変化し、〔世相が変化すれば〕その対応も世の事情に適ったものでなくてはならない。（五蠹篇）

二四　民は権勢に服す

いったい今と昔とは、風俗も違い、新旧それぞれ政治のあり方も変わるものだ。もし儒家のいう寛大な政治方針で、この戦国の乱世の民衆を治めようとするならば、それは手綱や鞭を持たないで荒馬を乗りこなそうとするようなものである。これはものごとの本質を知らないための失敗である。

現在、儒家も墨家もみな言っている、「昔の偉大な国王は、世の民衆をすべて愛し、そのようすはあたかも父母のように民衆を見、そして慈しんだものだ」と。彼らになぜそれがわかるかと問うと、彼らは言う、「司法長官が刑を執行するに際しては、君主はそのために音楽をやめ、死刑執行の報告を聞くと、君主ははらはらと涙を流したものだ」と。これが儒家や墨家のいう昔の偉大な国王なのである。

君臣関係を親子の間柄のように愛の絆で結べば、必ず世の中はうまく治まるというこの考えをもとに推し量ると、この世に仲の悪い親子はいないということになる。人間の性情として、父母に愛せられるより以上のものはないのに、しかしまだ必ずしもよく治まるとは限らないのである。

深く愛するといっても、どうして国家が乱れないことがあろうか。いま考えるに、昔の偉大な国王が民衆を愛する程度は、父母がその子を愛する度合を越えることはなかっただろう。その自分の子でさえ必ずしも乱れないわけではないのだから、民衆がどうして治まることがあろう。その上、法に基づいて刑を執行して君主がそのために涙を流したのは、仁徳を他に示すためであって、それによって政治を執り行ったわけではない。涙を流して刑の執行を嫌ったのは仁徳ではあるが、しかし、にもかかわらず刑を執行しないわけにはいかないのは、法のためである。

昔の偉大な国王は、その法を重んじ、涙には従わなかった。だから仁徳でもって政治を行うことができないことは、明白である。また、民衆というものは、もともと権勢に服従するものであって、仁義になつくものは少ない。

孔子は世にかくれもない聖人であり、仁義の道を修め究めて諸国を巡遊し仁義を説いた。しかし、その仁義の教えに感動し、弟子となって孔子に従ったものは七十人にすぎない。このことから考えるに、仁義を尊び実践できるものは存在しがたいのである。だから、天下広しといっても、孔子に従ったものは七十人で、しかも真に仁義を実践し得た者は孔子自身だけであった。

さて、魯国の哀公は、低劣な君主であったが、一国の君主となるや、国内の民衆は臣下として服し仕えないわけにはいかなかった。民衆というものは、もともと権勢に服従するものであり、また権勢は本当に民衆を服従させやすいものである。だから孔子がかえって臣下となり、哀公がかえって君主となったのである。

孔子は、哀公の仁義の徳に感服したのではなく、その権勢に服従したのである。したがって、仁義に基づけば、孔子は哀公に服従しなかったであろうが、権勢にものを言わせたので、哀公は孔子を臣下となし得たのである。

現今の学者たちは、君主に政策を説くに際して、必ず勝利を得られる権勢にものを言わせるということではなく、「つとめて仁義を実践したならば、天下の王となることができるだろう」などと言っている。これは、君主に孔子なみの徳性を要求し、世間の平凡な民衆を孔子の七十人の高弟に匹敵させようとするものである。これは全く

実現し得ないことである。（五蠹篇）

二五　統御術（とうぎょじゅつ）の重要性

世間でいう賢とは、節操固（かた）く信義に厚い行為によるものである。知とは、奥深いものごとの道理を追究する言説（げんせつ）によるものである。奥深い道理は、よほどの知者でも理解しにくいものである。

現在、民衆に対して法を設けるにあたり、よほどの知者にも理解できないような言説でするならば、民衆は全く理解する手がかりもないだろう。だから、〔食事に〕米ぬかさえ満足に口にできぬ者は、上等な穀物や肉類を欲しがることはなく、肌着一枚満足に着ることができない〔貧しい〕者は、美麗な衣服を望むことはない。

政治では、いま大切な基本的な急務がなされていなければ、その他の付随的なことに対処する必要はないのである。現今（げんこん）の政治において、民衆に関することで普通の夫婦がはっきりと理解できるような教えを用いないで、すぐれた知者の言説を尊ぶならば、それは正しいあり方に反している。だから、奥深い言説は、民衆に対して説くべきことではないのである。

さて、節操固く信義に厚い行為を賢として尊ぶ者は、必ず他人を欺(あざむ)くことのない誠実な人物を重んじようとするだろう。しかし、人を欺かない人物は、欺かれないようにする骨(こつ)を身につけていないものである。

無位無官の庶民同士が交際するときは、財力でもって利益を求めることもなく、権勢によって威圧(いあつ)を加えることもない。したがって、自然と人を欺かない人物を求めるわけである。

ところが、それが君主となると、人を支配する権勢と一国の富力を保有しているのである。そこで、重賞と厳罰とを用いて権力をふるい、すぐれた統御術に照らして事を処してゆけば、たとえあの田常(でんじょう)や子罕(しかん)（君主を殺害した逆臣）などの姦臣(かんしん)でも決して欺くことはしないであろう。〔となると、〕どうして人を欺かない人物をさがし求める必要があろうか。

それに、現在、節操固くして信義に厚い人物は十人に満たないのに、国家が必要とする官職は百単位で数えるほどに多い。必ず節操固くして信義に厚い人物をのみ任用しようとすれば、当然ながら官職の数に対して人材不足となる。人材が足(た)りないと、治める側の人手が少なくて、世の中を乱す者の数が多いということだ。

だからすぐれた君主のありようは、ひとえに法に頼り、〔別に〕知者を必要としないし、統御の術を固め〔ることにつとめ〕て、〔特に〕信義厚い人物を求めるなどということはしない。それゆえに、法は破られることなく、また群臣たちにも悪い行為がなくなるのである。（五蠹篇）

二六　国を食う五匹の蠹

民が常に考える打算は、すべて安らぎと利益とを得ること、そして危うさと窮しみとを避けることである。

いま彼が攻戦するとしよう。前進すれば敵に殺され、退却すれば罰せられて死ぬ。そうなれば危うい。わが家の仕事を棄て、戦争での苦労を求めても、ただ家族は苦しむばかりであって、お上はそれを考えない。そうなれば窮しい。窮しみと危うさとがそこにある。それなら、民はどうして避けようとしないでいられよう。そのため彼らは〔国内の〕勢力ある高官に仕え、〔馬の徴用を免れ〕廐舎を傷つかずのままにしようとするだろう。廐舎はそのままであるから、戦いから遠ざかることになる。戦いから遠ざかっておれば、安らかである。賄賂をつかい、権臣の近くに寄り添うておれば、求める官職を得られよう。求めるものが得られれば、満足できよう。満足が得られれば安らぎと利益とはとりもなおさずそこにある。どうして〔それらを〕得ようとしないでおられよう。そういうわけで、〔国という〕公のために尽す民は少なくて、私のために尽す人が多いのである。

そもそも、すぐれた王が国を治める政策とは、商工の民すなわち農業に勤めない民の数を少なくし、その名を低くすることである。なぜなら、現状では、本流である農業へ向かう人間が少なく、末業である商工業に走る人間が多いからである。ところがこのごろは、賄賂が行われるようになって、官爵を買うことができる。官爵を買うことができるので、〔金銭の多い〕商工業の名が低くないのである。不正な物資を扱う商人も市場で取り引きすることができるのだから、商人の数が少なくない。もうけかたは農民の収穫の倍ほどもあり、人々が尊敬を寄せる程度は、農民兵士（ふだんは農民）よりも強い。だから正直で志を守るすぐれた人は少なく、〔金もうけに走る〕商工業の民が多いのである。

そういうわけで、乱れる国の常は、儒家が先王の道をたたえ、仁や義にかこつけ、容貌と服装とをつくろい、ことばを飾り、それによって当世の法を疑わせ、人主の心を動揺させることにある。

また、ことばを弄する連中は無いものを有るかのように言い、でたらめをでっちあげ、よその力を借りて、それによって私欲を満たし、社稷すなわち国家の利を忘れている。

また、遊侠は仲間を集め、〔彼らだけに通用する〕節操をたて、それによって名をあげ、政府機関の禁令を犯す。

また、兵役を避けようとする連中は〔国内の〕権勢家に近づき、できるかぎりの賄賂をつかい、そして重職にある人物に頼んで、馬に汗する戦役の労をしりぞける。

また、商工の民は粗悪な器物を製造し、贅沢な商品を買い集め、蓄積して時機を待ち、農夫の〔苦労して溜めた財〕利を奪う。

この五つが、国の蠹（木食い虫。樹木の芯を食う害虫）である。人主がこれら五つの蠹を除かず、正直で志を守るすぐれた人を養わないのであれば、世の中に、敗れ亡ぶ国家・削られ衰える朝廷があっても、あやしむことはなかろう。（五蠹篇）

二七　矛楯（盾）

或る人が次のような話をした。「矛と楯とを売る商人がいた。その楯が堅いとほめている。これを破ることのできる物など、どこにもない、と。〔しかし、だれもその楯を買わないので〕急に〔話を変えて〕その矛をほめていう。わたしの矛の鋭いこと、これで突き破れない物などないよ、と。すると、それならと或る人が、〔同時に〕あんたの矛で、あんたの楯を突いたら、どうなるのだと聞いた。その商人は答えることができなかった」と。思うに破られるわけのない楯と、破らないもののない矛とは、名すなわち概念の〔それぞれが〕、〔同一時間において、同時に〕両立できない例なのである。（難勢篇）

▼「矛盾」ということばの出所である。「同時に」という条件が重要という説話。

二八　術と法と

或る人が問う、「申不害と公孫鞅（商鞅）と、この二人の意見、どちらが国にとってさしせまって必要なのだろう」と。

〔私は〕これに答えて、つぎのように言った。

「それはどちらがどうなどと比べられるようなものではない。人は十日も食わずにいると死んでしまうし、ひどい寒さのきわみには、もし衣を着なければ、また死んでしまうのだ。そのような場合、衣と食と、どちらが人にさしせまって必要なのかといえば、どちらか一つはなくてよい、というものではない。どちらも生命を養うのに、かかせないものであろう。

いま、申不害は術を言い、公孫鞅は法を主張する。術とは、その能力に応じて官職を与え、その名にしたがって、それにふさわしい内実を求めること、殺と生という二つの柄をしっかり握って、群臣の能力をよく見究めることである。これは人主が行うものである。

法とは、法令が役所にはっきりと公示され、刑罰が民の心にとって疑いようのないものとしてなされること、すなわち賞は法令を守るものに与えられ、罰は法令を違えたものに加えられることである。これは人臣が遵守するものである。

君主が術を持たなければ、上（幹部）は目も耳も覆われよう。臣下が法を持たなければ、下（一般人）は乱れよう。これも、どちらか一つはなくてよい、というものではない。どちらも帝王にとって、かかせないものである。〔以上が私の答えだ〕」と。

（定法篇）

▼申不害は韓国の昭侯に仕え、公孫鞅すなわち商鞅は秦国の孝公に仕え、ともにその国を富まし兵を強くした。

二九　利で人を動かす

昔、このような諺があった、「政治を行うのは、髪の毛を洗うようなものである。抜け毛があっても、必ず髪の毛は洗わなければならない」と。抜け毛が出る無駄をおしんで、髪の毛が伸びる利を忘れるのは、権すなわち利害得失を量ることを知らないことである。

そもそも、はれものを針で刺せば痛いだろうし、薬を飲めば苦いだろう。しかし苦しいからとか、苦いとか、といって、はれものに対して針で刺さなかったり、薬を飲まなかったりしたら、からだは元気にならず、病気はなおらない。

さて、上下の交わりには、親子のあいだにあるような、うるおいのある愛がない。したがって、人格や道義によって下の行いを禁じようとすれば、必ずたがいに隙間ができる。それに、父母と子のあいだでも、男の子は産めば喜ぶのに、女の子は産めば殺してしまう。どちらも父母のふところから産まれたのに、男の子は喜びを受け、女の子は殺される。それは、のちのちの便に思いをめぐらし、遠い将来の利を計るからである。このように、父母ですら子に対して、やはり利害を計算する心をもって接している。まして、親子の間にあるような、うるおいのある愛などない場合は、いうまでもあるまい。

いま儒者が人主に説いていることは、すべて、利を求める心を去り、愛の道にあゆみ出すことであるが、それは人主に、父母の慈しみを越えるよう求めることにほかならない。思いやるとはどういうことであるのか、学者はくわしく論じない、〔学者らは〕たがいに偽り告発しあっているのである。だから、すぐれた人主はそのような説を受け入れない。

聖人が治めるとき、かれは法禁つまり刑法を明らかにする。法禁が明らかであれば、官は整う。また賞罰を一定にする。賞罰が私情によって曲がらなければ、民は働く。民が働き官が整えば、国は富む。国が富めば兵は強く、したがって覇王の業は完成する。覇王となることは、人主にとって大きな利である。

人主が大きな利を心に抱いて下をおさめれば、官に任ぜられたものは能力にふさわしい仕事を与えられ、その賞罰には私情がない。このことをはっきり判らせてやれば、かれらは死力をつくして懸命になる。そうすれば功績をたてることができ、それによって地位と俸給とを得ることができる。

地位と俸給とが得られれば、富貴の業は完成する。富貴となることは、人臣にとって大きな利である。人臣が大きな利を心に抱いて上につかえれば、危ないことをして死んでしまっても、力尽きて倒れても、怨まない。「君が仁でなく、また臣が忠でなくてこそ、覇王となることができる」とは、このことをいうのである。（六反篇）

三〇　罪は重く

いま、ある庶民が一家の生計を立てようとし、家族で飢えと寒さとをこらえ、みんなに骨折りと苦しみとを無理強いしたとする。軍隊に苦しめられ収穫のない災いにみまわれることはあっても、暖かい衣服を着てうまいものを食べていられるのは、必ずこういう家である。

仮に、みんなに着るものと食べるものを与え、みんなに楽をさせて好きなものを与えてやるとする。〔すると蓄積がなくなり、もし〕穀物がみのらず雑草が地にはびこるようになったとき、妻をよそに嫁がせ子を売るようになるのは、必ずこういう家である。

このように、法の道は、先に苦しむが、その代わりに、いつまでもながく利をもたらす。仁の道は、しばらくは楽しくても、あとでゆきづまってしまう。聖人はその軽重をくらべ、大きな利を取る。だから、こらえる法を用いる。そして施しあう仁は棄てるのである。

儒者はみな、「刑を軽くせよ」という。〔しかし〕これは乱れと滅びとをもたらす術である。およそ賞罰を必ず行うのは、はげますためであり、禁ずるためである。賞が厚ければ、望ましいことがすばやく得られ、罰が重ければ、忌わしいことがたちどころに禁ぜられよう。そもそも、利を好むものは必ず損害を憎む。損害というものは利に反するものである。つまり、望むことに反するものであるから、どうして、憎まずにおれようか。

治を望むものは必ず乱を憎む。治というものは乱に反するものだからである。したがって、はなはだしく治を望むものの賞は、必ず厚い。はなはだしく乱を憎むものの罰は、必ず重い。いま、刑を軽くする説をとるものは、乱を憎むことが、さほどはなはだしくはないようである。治を望むこともまた、さほどはなはだしくはないのであろう。これはただ「術がない」というだけですませるべきではないだろう。むしろ「行いがない」とでもいうべきである。

このように、倫理的にすぐれているかいないか、また知性的にすぐれているかいないかを見分ける方法は、その賞罰が軽いか重いかという点にある。

そもそも、重い刑というものは、罪人を断罪するためにあるのではない。明主のための法なのである。賊を処刑するのは、賊を治めるためなのではない。〔死刑と決まった〕賊を処刑するということは、死人を治めることにすぎない。盗人を処罰するのも、盗人を治めるためではない。処刑処罰するものを治めるということは、囚人を治めるということにほかならない。

だから、言おう、「一人の悪人の罪を重くして、国内の悪をなくす」と。治を行う目的はこれである。重く罰せられるものは、盗賊である。おびえ震えるものは、良民である。治を望むものは、どうして刑を重くすることに疑いを抱くであろうか。

また、厚い賞というものは、ただ功あるものを称えるだけにとどまらず、国中の人を励ますものである。賞を得たものは、その利に心地よくしており、賞を得ないものは、かれのしたことをうらやむだろう。一人の功に報いることによって、国内のすべての人々を励ますのである。

治を望むものは、賞を厚くすることに疑いを抱くであろうか。いま、治を知らないものはみな、「刑を重くすれば民をそこなう。刑を軽くすれば、それによって悪業を止めさせることができるのだ。なぜ、重くすることに、こだわらなければならないのか」といっている。

しかし、かれらは治とはどういうことかがわかっていない。そもそも、重いもので止まるものが、軽いもので必ず止まるということはない。しかし軽いもので止まるものは、重いものでも必ず止まるのである。

したがって、上が重い刑を設(もう)ければ、悪業はことごとく止む。悪業がことごとく止めば、そのことが、どうして民をそこなうことなのであろうか。重い刑であると、悪人にとって利となるところは小さくて、上の得るところは大きいのである。民は小さな利のために大きな損害をこうむるようなことはしないから、悪業は必ず止むのである。軽い刑であると、悪人にとって〔それでも〕利となるところが大きくて、上の得るところは小さいのである。民はその利が脳裏(のうり)を去らず、その刑など侮(あなど)ってかかるから、悪業は止まない。

だから、昔の賢人の教訓に、「山につまずかず、垤（蟻塚）につまずく」とある。山は大きいから、人はそれに慎み深く向かう。しかし蟻塚は小さいから、人はそれを侮るのである。

いま、刑罰を軽くすれば、民は必ずそれを侮る。その場合、罪を犯しても殺さないのなら、それは国中の人々をかりたてて、為政者を見棄ててしまうことになるであろう。かといって、殺すということであれば、それは民のために陥穽を設けるようなものである。このように、軽い刑は民にとって垤（蟻塚）のようなものである。したがって、刑を軽くするという方法は国を乱すことである。でなければ民に陥穽を設けることになる。それこそ民を傷なうことだといわなければならない。（六反篇）

三一　民を満足させるだけでは治めたことにはならない

昨今の儒者たちは経典に出てくる古代の聖人君子を賛美するだけであり、現実の世相には目を向けずに「お上は下々の者を愛さず、重税を課すので、民の生活は苦しく、下々の者はお上を恨む。だから天下が乱れているのだ」と繰り返すばかりである。

これは民が豊かになり、福祉（幸福。生活の安定）を加えれば、たとえ刑罰を軽くしても民を治めることができるという考え方だが、実際はそんなものではない。だいたい人が重罰を受けるのは、もともと豊かになった後のことである。民を豊かにして福祉を加えても、刑罰を軽くすれば世の中はすぐにも乱れるものなのである。

たとえば金持ちのぼんぼんは何でも買える。何でも買えれば、お金のねうちは軽くなり、ねうちが軽くなれば、贅沢になるものである。しかも子供を甘やかせば、こらえ性がなくなる。こらえ性がなくなれば、わがままになる。贅沢になれば家は貧しくなるし、わがままになれば乱暴な振る舞いをするようになる。このように民を豊かにし、福祉を十分にしても、刑を軽くすれば災いが生じるのである。

だいたい人間なんていうものは、暮らしが楽になれば怠け、お上がなまぬるければ、勝手に悪逆非道を行う代物である。裕福になってもなおかつ勤勉なのは、神農（古代の聖王。農業神）ぐらいなものであり、なまぬるい政治のもとでもまじめなのは、曾参（親孝行で有名）や史魚（衛国の臣。君主が悪臣を用いないように自殺して諫めた）ぐらいなものである。一般の民衆が彼ら神農や曾参・史魚に及ばないのは言うまでもない。

老子は「足るを知れば辱められず、止まるを知れば殆からず」（『老子』四十四章）と言ったが、恥辱と危険とを避けるために、必要以上のものを求めず淡々としておられるのは、老子ぐらいなものである。だからいま民衆を満足させて治めようというのは、彼ら凡人を老子と同じ人格とみなすようなものである。

桀（夏王朝最後の君主。暴虐で知られる）のような人間になると、天子にまでなって四海の内すべてを掌に収めながらも、まだ不足だとした。君主がどんなに民衆を満足させるにしても、まさか彼ら凡人を天子にすることはできまいし、桀のように天子の位でさえまだ満足しない輩もいるのだから、民衆を満足させたところで、治めることはできないものだ。

だから明君が国を治める方法とは、種まきや刈り入れの時を逃さず働かせて民を豊かにし、徴税をよく考えて貧富の差を無くし、爵（職階）と禄（俸給）とを十分に与えて臣下の能力を最大限に引き出し、刑罰を重くして悪事を抑え、民の自らの働きによって豊かにも貴くにもなるようにし、過ちがあれば罪に服させ、功があればほめられ、主君のおなさけを期待しないようなしかたとなるのである。これが帝王の政治というものである。（六反篇）

三二　なぜうまく治まらないのか

聖人の施政のよりどころには、利益と威厳と秩序（名）との三つがある。利益は民衆を引きつけるためのものであり、威厳は命令を徹底させるためのものであり、秩序は上と下の者とが心を一つにするためのものである。この三つ以外のものは、たとえあっても、さほど緊急なものではない。

ところが利益がないわけではないのに、民がお上に懐こうとしなかったり、威厳がないわけではないのに、下々の者が言うことを聞こうとしなかったり、当局にルール（法）がないわけではないのに、実際に政治が目指したとおりにならなかったりすることがある。

この利益と威厳と秩序との三者、これらがすべて備わっているのに、世の中が治まったり乱れたりするのはどうしてだろうか。それはお上の理想と政治の実情とがかけ離れているからである。（詭使篇）

三三　亡国の兆し

国家が小さいのに臣下の家が大きく、君主の権威が軽いのに臣下の力が大きい国は、亡びるであろう。

法律を粗末にし、謀略ばかりをめぐらし、国内は荒らしたままで外国に助けを頼むような国は、亡びるであろう。

臣下たちが机上の空論に耽り、門弟たちは口ばっかりであり、商人は大もうけをして、民が食うにも困るような国は、亡びるであろう。

宮殿をりっぱにし、庭には堤や池をこしらえ、豪華な車や服や器や小道具を並べたて、民を疲れさせ、国庫の金を使いこむような君主の国は、亡びるであろう。

吉日凶日に左右され、鬼神（「鬼」は死者の霊魂。「神」は天地の神霊）を恐れ、卜筮を信じ、祭祀が好きな国は、亡びるであろう。

意見を聴けばすぐに爵位を与え、人々の意見をためそうとせず、なんでも一人の臣下にまかせるような君主の国は、亡びるであろう。

重臣のコネで官職が得られ、賄賂で爵禄（職階・俸給）が得られるような国は、亡びるであろう。

心の締まりがなく何もせず、弱々しく臆病で、良し悪しもろくに言えず、心の弱い君主の国は、亡びるであろう。

貪欲で飽くことなく、利にさとく〔しかし〕けちな君主の国は、亡びるであろう。

耳に心地よいことばを好んで、法に照らさず演説好きで実行はなく、はで好みで実用を顧みないような君主の国は、亡びるであろう。

浅はかで心が見破られ、機密をしまっておけずにすぐ漏らし、軽率で、臣下のことばをみんな筒抜けにするような君主の国は、亡びるであろう。

頑固もので人と親しまず、諫めに背いて勝ち気で、国家も顧みないで、すぐ自信過剰になるような君主の国は、亡びるであろう。

外国の威力を借りて近隣諸国を見下し、強国の援助を頼んで、力を加えてくる近くの国を侮るような君主の国は、亡びるであろう。

天下流浪の士で、単身でごろごろしている者が、上は外交の謀略から、下は民政までにかかわり合うような国は、亡びるであろう。

民がその宰相を信用せず、そのためお上として戴かないのに、君主がその宰相を寵愛して、罷免できないような国は、亡びるであろう。

国内のすぐれた人物を登用せず、国外の人間に頼り、実績や能力ではなく、世論の人気で抜擢し、他国者が高位に就いて、昔からの臣下（譜代）をしのぐような国は、亡びるであろう。

嫡子（正妻の子）を軽んじ、庶子（正妻以外の女性が生んだ子）が嫡子と肩を並べるようにしておいて、皇太子（後継者）がまだ決定されないうちに、君主が世を去ってしまうような国は、亡びるであろう。

思い上がって反省がなく、国が乱れてもおかまいなく、国力も考えずに、隣国を見くびるような国は、亡びるであろう。

国が小さいのにへりくだらず、力がないのに立ち向かい、無礼な態度で強大な隣国を侮り、欲張りで強情で外交のへたな国は、亡びるであろう。

皇太子がすでにいるのに、強国から后を娶れば、皇太子の立場はなくなる。そうなれば臣下たちはあれこれ世渡りを考えるようになる。そんな国は、亡びるであろう。

臆病で節操がなく、はやくわかっていることにもぐずぐずし、よいことがわかっているのに、思いきって行えないような君主の国は、亡びるであろう。

君主が国外に亡命しているのに、国では新しい君主を立てたり、あるいは、他国に人質として送った皇太子がまだその国から帰らないのに、跡継ぎを代える、こうなれば国は二分する。二つに分かれるような国は、亡びるであろう。

大臣をくじき辱めておいて側に使い、民衆を刑におとしいれ虐待しておいて、使うことをしておれば、彼らはその怒りを隠し恥にたえて働くものの、謀反心が起きる。謀反心が起きるような国は、亡びるであろう。

大臣を二人ながら重用し、君主の一族が多く強大であり、彼らが内に徒党を組み外国に援助を求めて勢力争いをするような国は、亡びるであろう。

婢や妾のことばが聴き入れられ、たいこもちの考えが採用され、朝廷の内外で堕落を嘆き悲しむ声が起こり、しばしば不法が行われるような国は、亡びるであろう。

大臣を侮り、一族の長老に礼義なく、民を苦しめ、咎なき者を死刑にするような君主の国は、亡びるであろう。

小知恵を振りかざしては法を曲げ、公私混同し、法律がよく変わり、戦争の号令がたびたび下るような国は、亡びるであろう。

地の利なく、城郭もお粗末で、蓄積なく、財宝も少なく、守りの備えがないのに軽々しく敵を攻めるような国は、亡びるであろう。

短命な家系で、君主がしばしば夭折し、嬰児が跡を継ぎ、大臣が専制し、他国者に徒党を組ませ、領土を割いて外国に献上して庇護を受けるような国は、亡びるであろう。

皇太子がやり手であって、取り巻き連中が多く有力で、大国との交わりも多く、皇太子なのにもう君主としての威勢が備わっているような国は、亡びるであろう。

移り気で度量が狭く性急で、軽々しくておっちょこちょい。しかしすぐかっとなって前後の見境のつかないような君主の国は、亡びるであろう。

怒りっぽくて戦好き、農事をそっちのけにして、すぐ打って出るような君主の国は、亡びるであろう。

重臣たちは妬み合い、大臣たちは隆盛で仲が悪い。彼らが外国の威を借り、内には民を苦しめておきながら、仲の悪い相手とけんかばかりしていても、君主が彼らを処断できないような国は、亡びるであろう。

君主はできが悪くて兄弟のほうが賢く、皇太子の人物が軽くて庶子が太子に対抗し、官吏は弱腰で人民のほうの勢いが強い、こうなれば国内はさわがしい。さわがしい国は、亡びるであろう。

君主が怒りを胸に収めて表に表さず、罪があっても見逃しており、群臣たちはそれを陰で憎んでますます憂い恐れていく。これが潜行してしまって表面化しないような国は、亡びるであろう。

派遣軍の将軍に権力を与え過ぎ、国境守備の太守に地位を高くし過ぎ、彼らが独断で事を運び、命令を思うままに下し、君主に伺いを立てようとしない国は、亡びるであろう。

后が淫乱で、太后（君主の母）が愛人を連れこんで、政庁と後宮との出入りが自由で、男女入り乱れる、こういうのを「両主」の国と言うが、両主の国は、亡びるであろう。

后が卑しめられ、第二、第三夫人などのほうが貴ばれ、皇太子が卑しめられ、庶子のほうが尊ばれ、宰相が軽んじられ、秘書のほうが重んじられる。こうなれば宮廷の内と外とが背き合う。内と外とが背き合うような国は、亡びるであろう。

大臣の力が非常に強く、その尻にくっつく徒党も多くて強く、君主の政治を妨害し、実力を笠に国を我が物顔にするような国は、亡びるであろう。

権門・勢家の家臣どもが重用され、功ある武門の子孫が退けられ、いなかの単なる善行者が推挙されて高い地位につき、まっとうな才識ある官僚の功労は無視される。つまりは私的な行為が貴ばれ、公の功労が低く見られるような国は、亡びるであろう。

政府の倉は空っぽなのに大臣の家は裕福、代々の家は貧しく他国者が富み、耕戦の士（耕作と戦争とにつとめる士）は困窮し、商工の民が大儲けをするような国は、亡びるであろう。

利益を前にも知らんぷり、災いの兆しにも備えなく、戦ごとに見識はなく、仁義で表面だけを飾り立てようとするような君主の国は、亡びるであろう。

君主としての孝（ここは、行政能力を意味する）はそっちのけ、庶民としての孝を大事にし、国益を顧みず、母親の言いつけだけをよく守る。女が国を動かし、宦官が権力を握るような国は、亡びるであろう。

雄弁だが話にきまりがなく、賢いが国を治める術がない、多能だがきまりに照らして事を為そうとしないようなそのような国は、亡びるであろう。

新参のお気に入りの臣が高位に就いて古参の臣が退く。つまらん連中が権力を握り、すぐれた臣は不遇で、功のない者が出世して苦労した者が報われない。こうなれば下の者が君主を怨むようになる。下の者が怨むような国は、亡びるであろう。

君主の一族や大臣の俸給が多過ぎ、礼服が分に過ぎ、邸宅や食事が贅沢で、君主が禁じなければ、臣下に自制心がない。臣下に自制心のないような国は、亡びるであろう。

貴族の子弟が、民と同じ里に住んで、隣り近所に対して威張り散らして乱暴を働くような国は、亡びるであろう。（亡徴篇）

▼宦官とは、刑罰として手術して男性の機能を失なわさせた者の内、後に官吏に採用された者を指す。この宦官は主として後宮（女性ばかり）において仕事をした。

三四　沈黙する者にも責任を

名君は、必ず臣下の言ったことばの責任だけでなく、何も言わないことへの責任も取らせる。ことばに首尾一貫性（しゅびいっかん）がなかったり、根拠がなかったりするのは、言ったことの責任である。ことばを濁（にご）して責任を回避し、高い位に居座（いすわ）ろうとするのは、言わないことの責任である。君主が臣下の言ったことについて、そのいとぐちを知り、実際にそうなるかを追及し、言わない臣下には賛否（さんぴ）を質（ただ）して責任をとらせれば、家臣たちはみだりに言ったり、だんまりをきめこんだりすることがなくなる。言うにも黙るにも、どちらにも責任があるのだ。（南面篇）

三五　改革の必要性

政治のこつを心得ない者は、必ず「伝統を守ろう。しきたりを易えてはいけない」などという。しかし聖人は、変えるとか変えないとかという議論を問題にしておらず、ただ政治を正しく行おうとするだけである。ならば、伝統を変えることなく、また昔からのしきたりを易えないというのは、それぞれが政治を正しく行う上でよいかよくないかという判断によるにすぎないのである。

たとえば、伊尹が殷王朝の法を変えず、また太公が周王朝の法を変えなかったら、殷の湯王や周の武王は天下の王にはなれなかったであろう。管仲が自国の斉国のしきたりを変えず、郭偃が自国の晋国のしきたりを変えなかったら、斉国の桓公や晋国の文公は覇者とはなれなかったであろう。

およそ人が古くからのしきたりを変えることが難しいのは、愚民どもがそこに安んじていることを変えることに遠慮するからである。しかし、古くからのしきたりを変えないと、安住してしまって、逆に戦乱をひき起こすことになるし、また、民衆におべっかを使うというのは、悪人どもにしたいほうだいさせることになる。大衆は愚かであって、世の中の乱れに気づかず、お上はお上で弱腰で改革ができない。これこそ失政というものである。

人主たる者は、聡明であって、政治について熟知しており、威厳を持って断行していかねばならない。だからたとえ民衆の利害に反しても、必ず自信を持って政治を行うのである。たとえば、商鞅は家を出入りするおり、鉄製の矛を立て、盾を何重にも並べて、前もって警戒していた。だからそれを見習って、郭偃が初めて晋国の国政に携わった時に、文公は近衛兵を彼の護衛につけ、管仲が初めて斉国の国政に携わった時に、桓公は戦車で警備した。民衆の反抗を警戒しての備えであった。

このように、愚かで怠け者の民衆は、目先の小さな出費にこだわって、大きな利益を忘れてしまっているのである。たとえば、夤虎（未詳の人物）は小さな便利を貪ったがために、大きな利益を失ったとして世間に笑われたのである。（南面篇）

三六　悪評の臣こそ君主の利益となる

昔なじみの人のためにひそかに利益をはかってやる者は、〔『論語』にいう〕「不棄」と言われる。公有財産を分かち与える者は、「仁人（なさけぶかい人）」と呼ばれる。お上からいただく俸禄を問題にしないで、わが身の静かな生き方を重んずる者は、

「君子」と呼ばれる。天下の法をねじ曲げてでも身内の者に身びいきをする者は、「有行（まごころが厚い人）」と言われる。官職を棄ててまで友達づきあいを優先する者は、「有俠（義俠心のある人）」と言われる。世間から身を隠しお上の支配から逃れようとする者は、「高傲（一人で生きることを尊ぶ人）」と呼ばれる。争ってばかりで命令に従わない者は、「剛材」と呼ばれる。民衆に恩恵を施して人気を集める者は、「民の心をつかんだ人」と言われる。

〔しかし、これらの人々にはすべて欠点がある。〕「昔なじみを棄てない人」がもし官吏だったら法律を犯すことにもなる。「仁人」は公の財産をそこねてしまう。「君子」は民衆をうまく使いこなせない。「まごころの厚い人」だと法律や制度をこわしてしまう。「義俠心のある人」を皆がよしとすれば、官職につく人がいなくなってしまう。「高傲」が尊ばれたら、民衆は仕事をしなくなる。「剛材」がほめたたえられれば、命令が行われなくなる。「民の心をつかんだ人」が横行すれば、君主は孤立してしまう〔ということになるだろう〕。

　この八つのタイプの人々は、つまらない連中のあいだでほめたたえられているものにすぎず、君主にとっては大損害となる。この八タイプに反すると、つまらない連中の間では悪く言われるわけだが、しかし、君主にとっては利益をもたらしてくれるものである。もし君主が国家の利害を察知せずに、つまらない連中の間でよしとしていることを採用するならば、国に危難や騒乱が起こらないようにとどんなに願っても、無理であろう。（八説篇）

三七　孔子や墨子のような人間は役にたたない

博学で弁舌さわやかなこと孔子や墨子のような人がいたとしても、もしその孔子や墨子が田畑を耕し草を取ることをしなければ、国に何の利益があろうか。親孝行で無欲なこと曾参や史魚のような人がいたとしても、その曾参や史魚が戦争に出て戦わなければ、国に何の利益があろうか。

つまらない人間はただただ個人の利益を追求するだけだが、君主は公の利益を追求する。すなわち、作物作りに努力しなくても満足に食べることができ、君主に仕える苦労がなくても高名になっていく。こういうことがあったらなあと思うこと、これが個人の望む利益である。一方、〔古代を尊ぶだけの〕学問を禁止して〔現行の〕法律や制度を十分に理解し、個人の利益を追求しないで、ただ業績をあげることだけに専念させる、これが公の利益というものである。

法律を施行するのは、民衆を導くためである。ところが、民衆が法律を理解したあと、さらに学問を重んじたならば、民衆は法律を師と仰ぐことに疑いを抱いてしまう。業績をあげた者を賞賛するのは、民衆を励ますためである。ところが、さらに善行をつんだ者を尊重したならば、民衆は「それはしんどいな」と思って、業績をあげることをなまけるようになってしまう。そもそも、学問を重んじて法律に疑惑の念をいだかせ、善行をつんだ者を尊重して、手柄を立てた者とどちらが偉いかと疑わせる。こんな政治を行っておいて、国家が富みかつ強大になることを願っても無理であろう。（八説篇）

三八　母の愛より必要なもの

母の幼な子に対する愛情は、何よりも深い。しかし幼な子がよくない行いをするようならば、先生につかせて修養をさせるし、悪い病気にかかるならば、医者に見せて治療をしてもらう。もし先生につかなければ刑罰を受けることにもなりかねず、医者に見せなければ死んでしまうかも知れない。母がいくらわが子を愛しても、愛情などは、刑罰から、また死から救うのに役に立たない。つまり子供を無事に育てるものは、愛ではないのである。子と母とを結ぶ絆は愛である。また君臣関係を結ぶものは計算ずくである。母でさえ愛をもって家庭を無事に存続させることができないのに、どうして君主が愛などというものを使って国家を保持することができようか。

明君が富国強兵の法に通じておれば、望みのものを手に入れることができる。だから政治の方策に本気で耳を傾けるのである。富国強兵の法とは、法律や禁令を明らかにし、計略をよく心得ることである。法律が明らかであれば、国内に事変が起こっても混乱することなく、計略が当を得ておれば、国外で戦死したり捕虜になったりする恐れもなくなる。つまり国家を存続させるものは、〔儒家が尊ぶ〕仁や義などではないのである。

仁人は恵み深く、気前よく財産をばらまいてしまう。暴者は心が強くて動かされず、簡単に罰を与えてしまう。慈しみの心が深いと、厳しく罰することができず、気前がよいと、人に与えることを好み、心が強いと、臣下どもに対して憎しみの心が現れ、簡単に罰を与えると、むやみに人を死刑にしてしまう。その結果、厳しく罰することができなければ、罪を大目にみることが多くなり、人に与えることを好めば、功績のない者にまで恩賞を与えてしまう。また、憎しみの心が現れれば、下々の者はお上を怨むようになり、むやみに人を死刑に処したならば、民衆は謀反を起こそうとする。

だから、仁人が君主の位につくと、下々の者は好き勝手にふるまい、軽々しく法律に違反して、お上に対して一時の幸福をむさぼることを望むのである。また暴人が君主の位につくと、法律は気まぐれで君主と臣下との仲は不和になり、民衆は怨んで謀反の心を生じる。そこで私は、仁人にしても暴人にしても、ともに国を滅ぼすものだと主張するのである。

スープを用意できないのに、餓えた人に食事を勧めるのでは、餓えた人を生かすことにならない。草地を切り開き穀物を作ることもできないのに、民に物を貸し、施し、また褒美を与えることを勧めるのは、民衆を豊かにさせることにならない。今の学者のことばは、根本を論じないで、末端にこだわり、空虚な聖人のことばを唱えて民衆を悦ばすことしか知らない。これは絵に画いた餅と同じである。このような議論を、明君は決して受け入れたりしない。（八説篇）

三九　使いこなせない者とは

もし人が衣服を着ることもなく、食事をとることもないのに、飢え凍えることがなく、また死もこわくないとすれば、すべて満ち足りており、お上に仕える気には、とんとならないであろう。すると、君主によって支配されることを嫌う気持になる。そのような人物は、臣下として使いこなすことはできない。（八説篇）

四〇　人情に訴えて国を治める

凡そ天下国家を治めるにあたっては、必ず人情に因るべきである。というのは、人情には好き嫌いがある〔誰しも賞められることを好み、罰せられることを嫌う〕から、そうなると、賞と罰とを使い分けることができる。すなわち禁令と法令とを制定することができる。禁令と法令とを制定することができれば、天下国家を治める道（政治の方法）が具体的になる。（八経篇）

四一　君主の道

どんなに力があろうと、一人の力は大勢の力にはかなわないし、どのように知恵があろうと、一人の知恵で天下の物事すべてを知り尽くすことはできない。したがって、一人の知恵と力とを利用するよりは、一国（大勢）の知恵と力とを利用するにこしたことはない。

そもそも〔事を構えた場合〕知恵と力とが同じなら、大勢の方が勝つにきまっている。たまたま予測が図にあたり、一人が大勢に勝ったとしても〔その間の気づかいで〕、へとへとに疲れるし、当らなければ、それこそ責任を負わなければならない。一人の知恵・能力には限界があるにもかかわらず、お粗末な君主は〔能力を過信して〕、自分の力ですべてを決めて処理しようとする。

多少程度が上の君主は、能力のある人間を登用してその能力を発揮させようとするが、いわゆる名君といわれるような君主は、思慮深い分別に富む人間（知謀の士）を登用してその知恵を十分に発揮させようとする。こういう点から、名君は、問題が起きるとそれら知謀の士を集め、一人一人の対策を聞いて、それを衆議にかけ、案を採択する。この場合、一人一人個別に対策を聞いておかないと、結果が出た時に前言をひるがえす者が出てくる。

前言をひるがえせば、その人間がいったい愚者なのか知者なのか判断がつかなくなる。また、衆議にかけないと〔それぞれ思わくがあるところから〕、ぐずぐずして案が決まらない。案が決まらなければ、事が解決しないから、結局君主は自分で決めることになる（結果的にお粗末な君主と同じになる）。

さらに、一人一人の対策を聞いておけば〔彼らは謀略をめぐらせないから〕、人におとしいれられる心配がない。それゆえに各人の対策をあらかじめ述べさせるわけである。この場合、対策が決まってから、それを自分のものと比較させる。そして、各人が述べたその日にそれを証拠として記録しておく。

名君といわれる君主は、このような方法をとるわけである。こうしておくと、知謀の士を集めた場合は、事が起こればそれらの賢愚を試すことができるし、有能の士を集めた場合は、効果が具体的に現れるから、対策の良し悪しが討論できる。また、事の成否に対して各人の証拠（記録）があるから、その証拠に基づいて賞罰を行うこととなる。そして、成功すれば功績はすべて君主のものとなるし、失敗すれば責任はすべて臣下の負うところとなる。

人に君たる者は、割符を合わせる程度の軽い作業すら自分ではしない。ましてや力仕事などもってのほかである。また事を知っても自分で解決しようとはしない。ましてや起こるであろう事を予測して、あれこれ考えるなどもってのほかである（人に君たる者は、生殺与奪の権を握っているだけでよい）。

だから、人を用いるとき、雷同しやすい（きちんとした考えを持たない）人間は採用しない。採用後、同調する（群れる）ようなら激しく叱責する。人を使う場合、君主は神のごとく測り知れない存在とさせる。君主が神のような存在になれば、臣下は忠実に持場を守り、民は仕事に全力を尽くすようになり、君主の道は完成する。（八経篇）

四二　国を管理する方法

参（三）伍（五）の道とは、三人を一単位としてそれぞれの意見を聴取し、五人を一組として過失に対し連帯責任をとらせる方法である。

三人を単位として一つの事を相談させれば、必ず意見が割れる。五人を一組として連帯責任制にすれば、一人が罪を犯した場合、他の四人は怒って必ずこれを責める。もし三人の意見が割れないようなら、馴れ合っているということで、結局は君主を汚していることになる。

また、〔五人単位の場合、〕罪を犯しても四人が責めないようなら、これはすでに罪を犯した者がいるということで、結局は獅子身中の虫を飼っていることになる。で、相談が始まってすぐに意見が割れるようなら、彼等の能力の多寡がわかる。また、罪もほんの過失程度の時にも怒るようなら、ほかに悪事を犯している者はいない〔ことがわかる〕」。

さてこのように、君主が臣下の行動を見たり、意見を聞いたりするその目的は、馴れ合っている者を罰し、しっかりした見解を持っている者を賞するところにある。なお、邪な者や罪を犯している者を知っていながら告発しないものも、馴れ合いとみなして罰する。で、家臣のことばを聞く場合には、大勢の評価を参考にした上で、言っていることが地の利を得ているか、天の時を得ているかを考え、道理にかなっているかを試し、思いやりがあるかどうかを併せて調べる。

この四つ（地の利、天の時、物の道理、人情）の聴取結果は、割符のようなものであるから、この四つを合わせれば、言っていることの是非善悪が判断できる（四つが割符を合わすときのようにぴったり合えば是、合わなければ非ということになる）。

また、他の人のことばを聞いて、それと比較してみると忠誠の度合がわかる。そもそも君主は、臣下の注視するところであるから、ふだんの態度を変え、親近の者を疎遠にしたり、疎遠の者を親近にするなど恩沢を改めてみても忠誠の度合がわかる（疎遠にされようが親近にされようが、忠臣は態度が変わらない）。

注意すれば臣下の持ち物、行動など、目に見えるものからも、推察しにくい点（かくれた悪事など）を見ることができる。狎れ狎れしくなり、あれこれ他人の仕事まで手を出しがちな近習たちには、謹んで本務を遂行するようにさせる。遠くに使いする者と関連のある者を（特に用がないのに）再三呼び出して使者に何となく恐怖の念を持たせ、出先での悪事を牽制する。

また臣下の過去を調べあげて、その前歴を知り尽くす。また、近習の地位につけて心の内側を知り、地位を遠く（地方官などに）してその外側（外に対する態度）を知る。すべてを承知しながら、（わざと）とぼけて尋ねてみると、かくれた面がわかるし、謀りごとをもって人を送りこみ、相手の悪事や秘密を握って侮りを退ける。なにか疑いがあるときは、使者に反対のことを言わせて（誉めるところを貶し、貶すところを誉めるなどして）疑問を確かめる。事が起こった場合、背後にあって利益を得た（得をした）者を探し出して調査するとかくれた悪事が出てくることがある。

諫正（諫め正す）の官を設けて、独断権を持っている役人の専横を取り締まり、あえて忠誠とはいえない人間を登用して、周りの邪な動きを観察する。法が公平無私なものであることを細かに説明して、仕事を怠りがちな者や反対に出しゃばりがちな者を指導し、時にはへりくだり、ときには迎合したりして、正直か、おべっか使いか、人間を見分ける。小耳にしたことやちょっとした噂話を利用して、それとなくさぐりを入れると思いがけないことがわかるし、偽の情報を流して臣下を対立させれば、馴れ合いになっている仲間を解散させることができる。

また、或る事に精通することによって、臣下を恐れ入らせる。極秘事項がもれそうな場合は、わざと別の事をもらして相手の狙いをそらす。人間は欲望や私怨、出世や保身などのために人をおとしいれることがあるが、こういう問題は複雑でまぎらわしい。そこで、まぎらわしい問題が起こった場合は、同じようなできごとを参考にして詳しく調べ、罪を告白したらその理由を明らかにし、罪を確認した上で処罰して君主の威光を正す。時々隠密の使者を派遣して地方を巡視させ、民が真面目に働いているかどうか調べる。働いていないようなら〈仲間を作って横着をきめこんでいるのであるから〉、だんだんに制度を改革していって、横着の本（仲間）をばらばらにする。

下部の管理（取り締まり）体制を整え、そして徐々に上部の管理体制を整えていけば、いやでも宰相は高官を取り締まり、高官は自分の部下を取り締まり、将校は兵士を取り締まる。使節はその副使を取り締まり、県令は配下を取り締まり、近習は左右の者を取り締まり、そして皇后は侍従の女官を取り締まるようになる。これを有機的国家管理の道（条達の道）という。話がまちがって広がっていたり、大事がもれるようでは、法術による統治の道は難しい。（八経篇）

四三　君主は考えや感情を表に出さない

名君のつとめは秘密を保つことである。もし君主がその場にいあわせていない或る臣下に対してほめたとすると、その場にいた別の臣下は、ほめられた当の本人に対して、自分のおかげで覚えがめでたくなったぞと伝えて、恩賞のうわまえをはねる。

また君主が或る臣下に対して怒りをあらわにしたとすれば、それを知った別の臣下は、君主の怒りの威力を借りて当の本人を威しにかかるようになり、君主の権威がうすれる。だから、名君のことばは当事者以外にはもれることがなく、その気持はかくされていて、表面に現れることがないのである。

ところで、自分一人の力で十人の悪事を知ろうとするのは、下策(げさく)である。逆に十人の情報を集めて一人の悪事を調べあげるのが、上策である。名君ならば上策・下策ともにあわせ用いることができる。だから臣下の悪事を見逃(みのが)すことはない。

そこでより多くの情報を集めるため、小は五軒の家（伍(ご)）・五十軒（閭(りょ)）で単位を編成し、大は連(れん)（二百軒）・県ごとに分けて隣保(りんぽ)制度を整えて〔民衆の組織化を行い〕、その中で犯罪を告発した者には賞を与え、見逃した者は処罰するようにする。役人の間でも同様で、上の者が下の者の悪事を、また下の者が上の者の悪事を告発できるようにする。

このようにすれば、上下貴賤を問わず、たがいに法律に触(ふ)れないように戒(いまし)めあい、利益のために教えあうようになる。

いったい人民というものは、実利のある生活と名声のある生活との両方を求めるものだ。また君主たる者も、賢君であるという名声と賞罰の実権とを求めている。民も君もこの名(な)と実(じつ)とがともに備わってこそ、その国は幸福で住み良いところだという評判が広まるであろう。（八経篇）

四四　君主は臣下の名と実とを把握せよ

臣下のことばを聞いても、その実績を参照しなければ、臣下に責任を問うことができない。またことばを聞くだけであってその有効性を求めなければ、口先だけの全く役にもたたない邪説が君主の心にかなうことになる。

ことばというものは、多数意見が信用されるものだ。まちがったことがらでも、十人が同じことを言ったぐらいではまだ疑うが、百人が同じことを言えば「そうかも知れない」と半信半疑になり、それが千人となるとすっかり信じこんでしまって、まちがいを解こうにもできなくなる。また訥弁の者が言えば信用されず、能弁の者が言えば信用される。

姦臣が君主を欺こうとするときには、多くの人の力を借り、ことば巧みに信用を得、類例をあげて自分の意見を正当化する。このような場合、君主が怒りをこらえてその結果の有効さを照合するという方法をとらなければ、姦臣に欺かれ、君主の権勢は臣下に移ってしまうであろう。（八経篇）

四五　職務怠慢と越権行為と

臣下が自分の職分をおろそかにするのを君主が禁じようと思うなら、明確に刑と名とを合致させる必要がある。

刑・名とは、実際の仕事と意見とのことである。臣下が政治むきについて意見を述べれば、君主はその意見を聞いて実行に移させ、その実績を見て責任を負わせる。実績がその仕事と合致し、またその仕事が当初の意見にかなっておれば臣下に恩賞を与える。一方、実績がその仕事に合致せず、その仕事が当初の意見とくい違った場合には処罰する。したがって臣下たちのうちで、意見だけはりっぱで実績の少ない者は処罰する。

これは、実績が少ないから処罰するのではない。実績と意見が合致しないから罰するのである。臣下たちのうち、その言うことは小さいが非常に大きな実績を挙げた者も処罰する。

大きな功績を喜ばないわけではない。〔しかし〕当初の意見に実績が合致しないことの弊害は、大功をなし得たことよりも大きいと考えるからこそ罰するのだ。

昔、韓国の昭侯が酒に酔って寝てしまった。典冠（君の冠を管理する役人）が君主の寒そうなのを見て、衣を取り出して昭侯の体にかけた。昭侯は眠りからさめて、衣がかけられているのを知って喜び、側に控えている役人たちに、

「誰が衣をかけてくれたのか」

と問うたところ、役人は、

「典冠でございます」

と答えた。昭侯はそこで典衣（君の衣裳を管理する役人）と典冠とを共に処罰した。昭侯が典衣を処罰した理由は、典衣が侯の着物を管理し必要なときには取り出して侯に着せるという自分の職務を怠ったと考えたからである。

また、典冠を処罰した理由は、冠を管理するという自分の職分を逸脱したと考えたからである。寒さで風邪をひくのをいやがらないわけはない。〔しかし〕それよりも昭侯は、他人の職分にまで首をつっこんで規律を乱すことの弊害は、風邪をひくどころの比ではないと考えたのである。

それゆえに、名君が臣下を養う場合には、臣下は自分の職分を越えてまで手柄をたてることはできない。また、自分のなすべきことを明言しておきながら実績が伴わないことも許されない。職分を越えた場合には死刑にし、ことば通りの実績が挙がらな

い場合には、死刑にしないまでも必ず処罰するのである。

臣下がそれぞれ自分の職分を守りつとめ、ことば通りに正しく実績を挙げるようにさせる。そうすれば臣下たちが徒党を組んで私利私欲のために行動するということはできないはずだ。（二柄篇）

▼刑名とは行為（刑）とことば（名）と。昭侯の故事で言えば、「典衣」「典冠」という職名が「名」にあたり、典冠が衣を昭侯にかけ、典衣がそのことを怠ったということが「刑」にあたる。「形名」とも書く。「人主〔が〕姦を禁ぜんと欲すれば、則ち審らかに刑名を合わせよ」という考えは、もともと申不害がとなえ、それを韓非が受けついだもの。

四六　君主が好悪の情を表すと

君主には二つの憂いがある。一つは、賢者を任用すると、臣下が賢者に取り入って君主を脅かそうとすること。今一つは、かといって賢愚をかまわずだれでも用いると、物事が破綻して思い通りに運ばないことである。

だから、君主が賢者を好むと、群臣は行いを飾って賢者のように見せかけ、君の好みに迎合しようとする。そうなると、群臣の正体が表に現れない。彼らの正体が目に見えなければ、君主は自分の臣下の良し悪しを判断することができない。

かつて、越の王は武勇を尊んだので、われもわれもと人民には命を粗末にする者が多かった。楚の霊王は細腰の女性を好んだので、女性はダイエットにはげみ国中に餓死する者が多く出た。斉の桓公は嫉妬深くて好色だったので、豎刁は疑われないよう自ら去勢して後宮のことを取りしきった。

また、桓公は美食家であったので、易牙（桓公に寵任された料理人）は自分の子の首を蒸して献上した。燕の子噲は賢者の真似を好み、聖王の堯が天下を許由に譲ろうとして許由がこれを受けなかったという故事に倣おうとした。そのとき、子之は自分は譲られても決して受けないと明言して安心させ、いざ譲られると、そのまま国を奪った。

このように、君主が嫌うところを示せば、群臣は心のちょっとした動きも慎みかくして、君に憎まれないようにし、君が好むところを示せば、彼らは能力を偽って重用されようとする。このように、君主が欲するところを見せると、それで群臣はどう動けば利益になるかを知ることができるのである。

だから、子之は、君の賢者好きにことよせて君位を奪ったのであり、豎刁と易牙とは、君の欲を拠りどころにして君に害を与えたのである。その末路をいえば、子噲は争乱のうちに死に、桓公は亡骸にうじ虫がわき、戸から這い出すほどになっても葬られなかった。このような事態を招いたのはなぜであるか。それは、君主が己の好悪の情を臣下に知られ、それを臣下に利用されたことから生じた禍いである。臣下の気持というものは、必ずしも君主を愛しているわけではない。彼らが仕えるのは、自分の利益が大切だからである。

いま、君主が己の本心を抑えることなくさらけ出し、臣下に君主を侵す手がかりを与えるならば、彼らの中から第二の子之、田常（斉の大夫。主君の簡公を殺した）が生まれることは必定である。ゆえに言う、好悪の情を消し去れば、群臣は素顔を見せるであろう、と。彼らが本性を現せば、君は目をくもらされずにすむ。（二柄篇）

四七　亡国の君とは

いわゆる亡国の君とは、その国を所有していないということではない。形のうえでは国を所有していながら、実質的にはなにひとつ自分の所有物ではないということである。

もし、臣下が外国の威光を借りて国内の政治を動かすということを許せば、人に君たる者、すでに滅んだも同然である。大国の要求に従うのはその場では国の滅亡を救うためなのだが、一度聞き入れてしまうと、真の滅亡の時は、服従しないよりも早くやってくる。

だから、大国の言いなりにはならないことだ。群臣も、自分たちの君主が外国に服従しないと知れば、国外で諸侯とよからぬ取り引きはしないであろう。外国の諸侯は、相手国の君主が自分たちの要求に耳を貸さぬとわかると、その君主に対する相手国の臣下の悪口など聞き入れることはない。（八姦篇）

四八　人を信ずれば、人に制せられる

君主を襲う禍いの種は、人を信ずることにある。人を信ずれば〔その〕人に制せられる。

臣下はその君に対して、骨肉の親しみがあるわけではない。君の権勢に縛られて仕えざるを得ないのである。だから、人臣たる者は、君主の心をのぞき見ることを一瞬たりともやめないのに、君主のほうは緩んだ気持でその上にふんぞり返っている。こ

れが、世に君を脅かしたり殺害したりする事件が起こる原因である。

君主として余りに我が子を信じれば、姦臣がその子を利用して私欲を満たそうとする。だから、李兌は趙王（恵文王）に傅き（つきそい寄りそい）〔しかし〕主父（恵文王の父、武霊王）を餓死させた。また、君主として余りに妻を信じると、姦臣が妻に取り入って私欲を満たそうとする。だから、優施は麗姫のお気に入りとなって、太子の申生を殺し、麗姫の子奚斉を太子に立てた。いったい最も身近な人間である妻と最も親しい存在である子どもでさえ、信ずることができないのだから、それ以外で信ずべき人間は一人もいない。

のみならず、天子、諸侯の后妃、夫人で、その生んだ嫡子が太子となっている場合、彼女たちの中には君（主君）が早く死ぬことを願っている者もいる。いったい妻は夫に対して、骨肉の恩愛がある存在ではない。愛情があれば親密であるが、愛情が失せれば疎遠となる。世に「母親が美人で愛されておれば、その子は抱き上げられる」ということばがあるが、これを裏返せば、母親が憎まれればその子はうち捨てられる、ということだ。男子は五十になっても色好みはやまないのに、婦人は三十になると、はや容色が衰える。容色の衰えた婦人が好色の男子に仕えるとなると、当然その身は疎んじられ卑しめられ、我が子が君位を継承できないのではないかと疑うようになる。しかし、我が子が位につき、母親が太后となりさえすれば、どんな命令も行われないことはなく、禁じてやめられないことはない。男女の楽しみごとも先君のときより減ることはなく、なにためらうことなく万乗の国を思いのままに動かせる。これが、君主の毒殺、絞殺が行われる理由である。ゆえに、『桃左春秋』（未詳の書名）に言う、「君主で病死する者は半数にも満たない」と。君主がこのことを自覚しないのなら、乱亡の種はたくさんある。だから言う、君が死ぬことで利を得る者が多ければ、その君は危うい、と。

　かの王良（晋の名御者）が馬をかわいがり、越王の勾践が人民を大切にしたのは、走らせる、あるいは戦場で戦わせるためである。医者が進んで人の傷口を吸ってその血を口に含むのは、骨肉の親しみによるのではなく、それが利益をもたらすからである。だから、車大工は車を作ると、もっといい車を作ってもらいたいと人が富貴となることを願い、棺桶職人は棺桶を造ると、人が早く死ねばよいと思うものである。なにも、車大工が人の出世を喜ぶ心の広い人間で、棺桶職人が冷酷な人間だというわけではない。人が貴人とならなければ車は売れず、人が死ななければ棺桶は売れない。

棺桶職人は人が憎くてこのように思うのではなく、人の死が利益につながるからである。同じ理屈で、后妃・夫人と太子とが結託すれば必ず、君主の死を願う。君が死なないことには重い権勢を握ることはできない。気持として君主が憎いのではない、利益が君主の死にこそあるからである。よって、君主は、己の死を利とする者に対して注意を怠ってはならない。（備内篇）

◉李兌―趙の重臣。趙王（恵文王）の暗殺に失敗した公子章を討ったが、その際、章が主父（武霊王。恵文王の父）の宮殿に逃げ込んだため、主父の宮殿を囲むことになった。謀反の嫌疑を恐れて兵を解かなかったので、主父は宮中で餓死した（『史記』趙世家）。

◉優施―晋の献公お抱えの俳優。献公の寵姫、麗姫と密通し、ともに謀って太子を殺し、麗姫の子を立てた（『国語』晋語）。

四九　占いを信じるな

亀の甲に穴をあけて火であぶったり、筮竹を数えて占ったところ、「大吉」と出たので燕国を攻めたのは趙国である。同じように、亀甲と筮竹とで占いをたて、「大吉」との結果を得て趙国を攻めたのは燕国である。

ところが、燕国のほうは、劇辛（趙の人。燕の昭王に招かれて仕えた）が仕えたけれども、何の功績もあげずに国は傾いた。また、鄒衍（斉の人。陰陽の説を唱えた）が仕えたけれども、やはり功無く、国家の道は途絶した。

片や趙・代の両国（代は趙に併合される）は、まず燕国をうち破り、次に斉国に勝ち、国自身は乱れているのに意気軒昂であって、強国の秦と互角の力があると自負していた。これは、趙国の亀には霊験があり、燕国の亀はいんちきだということではない。

趙国は、また亀甲と筮竹とで占い、北方の燕国を伐ち、燕国を脅かして秦国に対抗しようともくろんだ。結果、「大吉」と出たので、まず大梁（魏の都）に攻め出したところ、秦国の兵が上党（趙の地）に進出してきた。趙国の兵が釐（燕の地）まで来たとき、秦国に六つの城を占領された。さらに、趙国の兵が陽城（燕の地）に至るや、秦国は鄴（趙が魏より奪った地）を占領した。龐援（趙の将軍）が兵を率い南にとって返したが、すでに趙国のとりでは全滅していた。だから、私は言う、趙国の亀は、遠く燕国を攻めることの是非は予見できなくとも、近くの秦国による危険は見通すべきであった、と。

秦国は「大吉」というお告げによって動き、領土を広げて実利を得、燕国を救ったという美名も得た。趙国は、「大吉」のお告げによって動き、領土は削られ兵は辱しめられ、君は失意のうちに死んだ。これもまた、秦国の亀はありがたく、趙国の亀はでたらめだというわけではない。

初め、魏国は、数年間、東に兵を向け、陶国と衛国との地を占領した。のち数年間は西に兵を向け、秦国と戦って領土を失った。魏国が敗れたとき、豊隆や五行、太乙、王相、摂提、六神、五括、天河、殷槍、歳星（いずれも、これがある国は戦いに勝つとされる星や神）などが、数年間、西の秦国の上にあったわけではない。また、陶、衛の地を得たとき、天欠や弧逆、刑星、熒惑、奎、台（これらが存在する国は敗れる）などが数年間、東にあったということでもない。

だから言う、亀卜や占筮、鬼神の類は、それだけで勝つには不十分であり、どの星を前後左右に置くという方位の吉凶も、それだけを頼りに戦うことはできない、と。それなのに、これらを頼みとするのは、これほど愚かなことはない。（飾邪篇）

五〇　公私のけじめ

すぐれた君主の政治は、必ず公私のけじめというものをはっきりさせ、法制を明白にして、私情をさしはさまないものである。命令したことは必ず実行され、禁止したことは必ず止む、というのが君主の公義（共通のルール）である。

勝手な行いをし、仲間うちだけを信じ、褒美で釣ることも、罰で禁止することもできない、というのは人臣の私義（仲間うちのルール）である。

私義によって政治を行えば国は乱れ、公義によって政治を行えば、国はよく治まるものである。すなわち、公私には、けじめというものがあるのである。

また、人臣には、私心があるものの、一方公義がある。清廉潔白で、行いは公正、官職を私物化しない、というのが人臣の公義である。欲にからんで汚れた行いをし、わが身の安全、わが家の利益だけ考えるのは、人臣の私心である。君主がりっぱなときは、臣下は私心を捨てて公義に従うが、君主がだらしなければ、臣下は公義を捨てて私心に従うものである。

もともと、君臣の気持はたがいに別物である。君主は計算ずくで臣下を養おうとするものだし、臣下のほうも計算ずくで仕えるものである。君主と臣下とが、たがいに損得勘定をする結果、わが身をそこねてまで国のために尽くすことなど臣下はしないし、国を捨ててまでも臣下のためにしてやろうなどと君主は思わないものである。

臣下の心情としては、わが身をそこねてしまっては利益もくそもないわけだし、君主の心情としては、国を害してまでも臣下に親身になってはやれないのである。〔このように〕君臣は、たがいに計算ずくで成り立っている関係であるから、国難に際して、命がけになり、知恵をふりしぼり、力を尽くすのは〔心情がそうさせるのではなく〕法のためにそうするのである。

それゆえ、古の聖王は、褒賞をはっきりさせて勧め、罰を厳しくしておどしたのである。賞罰がはっきりしておれば、人民は必死になる。人民が必死になれば、兵は強くなり、君主は敬われるようになるのである。

ところが、賞罰がはっきりしていないと、人民は功績もないのに褒美を得ようとするし、罪を犯してでも何とか免れようとする。それで兵は弱く、君主は侮られるようになるのである。

それゆえ、古の聖王のブレーンは、もっぱら〔賞罰をはっきりさせることに〕つとめたのである。要するに、公私のけじめというものをはっきりさせなければならない。法や賞罰をゆるがせにしてはならない。古代の聖王は、そのことをよく知っていた、と言えよう。（飾邪篇）

五一　風俗を改める方法

昔の秦国のならわしでは、君臣は公の法を守らず、自分の都合に従うというふうであった。そういうわけで、国は乱れるし、軍は弱く君主は侮られるというありさまであった。

そこで、商君は、秦国の孝公に、法を改正し、習俗を改め、公の道というものをはっきり示し、密告を奨励し、商工業よりも農業を重視すべく進言した。

当時、秦国の人民は、罪を犯してもうまく逃れ、功績もないのにたたえられるという古いならわしに慣れきっていたので、新しい法が出ても〔それを〕軽視して守ろうとしなかった。

そこで、新法を犯す者に対しては必ず重罰を加え、密告者には、もれなく手厚い褒美をとらせるようにした。

その結果、密告すれば必ず褒美がもらえるということで〔罪を告発され〕刑を受ける者が多くなったのである。人民はそのことを怨み、〔なんと〕新法を呪う声が世に満ちあふれた。

しかし、孝公は耳を貸さず、商君の新法を断行したので、人民は、罪を犯せば必ず罰せられることを知るようになり、密告をする者も多くなってきたのである。そして、人民はもう新法を犯さなくなり、罰を受ける者もいなくなった。こうして、国はよく治まり、軍は強く、国土は広く、君主の地位は高くなったのである。

その理由は、罪を隠す者への罰が苛酷で、密告に対する褒賞が厚かったからである。これはまた、天下を自分の目や耳がわりとする方法である。天下を治める最上の方法はすでに明らかであるのに、〔しかし〕世の中の学者たちはわからないでいるのである。（姦劫弑臣篇）

五二　愛妾を信じて妻子を棄てる春申君

正しい政治の行われない地位におり、多くの者から譖りを受け、世の流言に押し流された者が、専断的な天子の時代に安泰を得ることなど不可能に近い。これが、かの知謀の士たちが、死ぬまで世に出ることのできなかった理由である。

楚国の荘王の弟、春申君に余という名の愛妾がいた。また、春申君の正妻の子は名を甲と言った。余は、春申君に正妻を棄てさせようと考え、わが身を傷つけるや、その傷を春申君に見せ、泣く泣く訴えた。

「私はあなたの愛人となれて、こんな幸せなことはありません。けれど、あの方（正妻）のお気に召されようとすれば、あなたにお仕えできず、あなたのお気に召すよう振る舞えば、あの方はそれが御不満。私がいたらぬばかりにお二人にはとうていうまくお仕えできません。どちらかの御機嫌をそこね、あの方の手にかかって死ぬよりは、いっそあなたの前で死にとうございます。どうぞ死なせて下さいませ。でも、もしまだあなたのお側に置いていただけますものなら、あなた、他人の物笑いになるようなことだけはなさらぬよう、お気をつけあそばせ」と。

このことばを聞いて春申君は余のうそを信じ、正妻を棄ててしまった。

余は、今度は、甲を殺して、我が子に跡目を継がせたいと考え、自分で肌着を引き裂き、それを春申君に見せ、泣きながら訴えた。

「私があなたの御寵愛をもう久しく受けていること、甲も知らないはずはございません。それなのに、甲は私を手ごめにしようとし、私と争ううちに、とうとう私の衣服を引き裂いてしまいました。いったい親不孝のうちでも、これほどのものがありましょうか」。

そこで春申君は怒って甲を殺した。こうして、正妻は余のいつわりのために棄てられ、嫡子は殺されるはめになったのである。

こうしてみると、父子のように愛情の深い間がらであっても、〔他人の〕悪口によって殺されてしまうのである。

まして君臣間の親しみなどというものは、父子の親愛にはほど遠い。しかも、群臣どもの誹謗中傷は、単に一人の妾のことばどころではないのであってみれば、どうしてかの聖賢たちが殺されたとしても不思議なことだろうか。これが、重臣の商君が秦国で車裂きの目にあい、重臣の呉起が楚国で八つ裂きにされた理由である。

どんな臣下でも、たとえ罪があっても罰を受けたくないものだし、功績がなくとも尊ばれたいものである。だから、聖人の政治というものは、功績のないものを称えることはしないし、罪を犯した者には必ず罰が下るというものであったのである。それで、こうした政治手腕を持った者が臣下となると、君主のまわりの姦臣どもは、彼を妨害しようとするので、すぐれた君主でなくては、彼の意見を聴くことができないのである。（姦劫弑臣篇）

五三　予譲・伯夷・叔斉は忠臣か

予譲の、智伯の臣としての仕えぶりときては、君主に説いて法規や術数の道理を明らかにし禍いを避けさせることもできず、またその部下を統率して智氏の国を安泰にすることもできたわけではない。

趙襄子が智伯を殺すにおよんで、予譲は変装のため、自ら入墨し、鼻をそぎ、顔を傷つけてまでして〔果ては自殺に至るのだが〕、智伯の仇を討とうとした。これなら、自分の顔の形をそこない、我が身を殺してまでして、君主のために尽くしたという名誉は残るけれども、実際には、智伯に役だった点が、ごくわずかでもあったわけではない。こんな行為を私はばかばかしいと思うのだが、世の君主は忠とし、高く評価するのである。

昔、伯夷・叔斉というものがいた。周王朝の武王は彼らに天下を譲ろうとしたが、それを受けず、二人とも首陽山で飢え死にをしてしまった。このような臣は、重い罰を恐れないし、重い賞にはげまされて働こうとしないから、罰で禁ずることもできないし、また賞ではげまして使うこともできない。こういうのを無益の臣というのである。こんな連中を私はとるに足らぬ臣として退けるのであるが、世の君主はりっぱ

であるとし、〔そういう者を〕求めようとする。（姦劫弑臣篇）

◉予譲―〈晋の趙氏が、魏氏・韓氏と謀って滅ぼした〉智氏の臣。仕えていた智氏のために、受刑者を装って、趙襄子に近づき、仇を討とうとした。予譲は「士は己を知る者のために死す」という気持の持ち主であったことで有名。

◉伯夷・叔斉―武王が天下を他者に譲ろうとしたことは他書に見えない。

五四　法術のみで国を治めよ

およそ政治を行う上で大切なことは、賞罰が適切であることだけを言うのではない。また、功のない者を賞したり、罪のない民衆を罰するのが、賢明でないのはもちろんである。

しかし、功をたてた者を賞し、罪を犯した者を罰して、それら賞罰の対象となる人物を過たないようにするだけでは、そういう人間があっての賞罰ということにとどまってしまうわけであり、人々が進んで功をなしたり、省みて過ちを止めるというようなことはできない。

だから、悪事を働かせないための最良の方法は、そういう心を生じさせなくすること、その次が、そういうことばを言わせないようにすること、その次が、悪事そのものをなさせないことである。

今の世では、だれもが「君主を尊び、国家を安泰にするのは、必ず仁義をわきまえた士、識見のある人物による」と言っている。

しかし、また一方で、君主がさげすまれ、国家を危うくするのも、必ず仁義をわきまえた士、識見ある人物によってであることがわかっていない。

だから、政治のしかたを心得た君主は、かえって仁義をわきまえた士を遠ざけ、識見ある人物を棄て去り、法によって治めようとする。そうすれば、名声威信は広まっていき、民衆もよく治めることができるようになり、国家も安泰となるのである。君主が人民を用いる方法を知っているからである。

そもそも「術」とは君主が執るべきもの、「法」とは官吏が守るべきものである。そうなれば、近習の者に、毎日、法を門外に伝えさせるだけで、国境の遠くに至るまで、毎日、法を人々が見習うことになるようにさせることも、さして難しいことではなくなるだろう。（説疑篇）

五五　相手の心を見抜いて意見を述べよ

そもそも、君主に自分の意見を受け入れてもらうことが難しいのは、十分説得できるだけの知識を持つことが難しいのではない。また、自分の意見を明瞭に述べるだけの弁舌を持つことが難しいわけでもない。また、自ら進んで縦横に弁を振るうだけの胆力を持つのが難しいわけでもない。そもそも、説得の難しさは、相手の心を正確に見抜き、自分の意見をそこに合わせることにある。

相手の心が名声の高さを求めているのに、利を得る術を説いたなら、下劣な人物で卑しい奴と思われて、きっと遠ざけられ棄て去られるに違いない。逆に相手の心が利を求めているのに、名声の高まる術を説いたなら、気のきかない、現実に疎い者と考えられ、きっと受け入れられないに違いない。

また相手が内心では利を求めていながら、表向きでは名声の高さを求めるふりをしているのに、名声の高まる術を説いたなら、うわべだけはその人物を用いるふりをするものの、実際には疎んじてしまうであろう。一方こういう相手に、逆に利を得る術を説いたなら、内心ではその意見を採用するものの、表向きにはその人物を棄て去ってしまうであろう。

以上、よくよくわきまえておかなくてはいけない。（説難篇）

五六　君主への意見の出しかた

およそ君主に意見を出す場合、第一に心がけなければならないのは、相手の誇るところはもちあげ、恥にはけっして触れないようにすることだ。君主が自分の利益を満たそうとしているときには、公義（共通のルール）を述べてそれを強制することだ。相手は気勢をそがれるが、それでも欲望を捨てきれない。

そこで、相手のその欲望に理屈をつけてやり、実行に移せない道義には、とやかく言わないでおく。逆に、相手が高い理想を持っていても、高すぎて遠くそれに及べないときには、その理想の欠点をあげ、行わないままでおらせることだ。自分の知能を誇りたがる者には、同類の別の事例をあげて下地を準備しておき、相手が自ら選ぶように仕向けて、そしらぬ顔をしておればよい。

そうすれば相手も満足する。他国と友好関係を保つよう説得するには、りっぱな名目をあげてやり、それとなく自分の利益にもなることを示すことだ。

また、国の害になることをわからせるには、道義に反していることをはっきり言うとともに、自分の損にもなるのだとほのめかしておけばよい。

直接相手をほめるよりは、相手と同じことをしている者をほめ、他の事で君主の計画と同じものがあれば、そのことを議論でとりあげたほうが効果がある。

君主と同じ汚点を持つ者があれば、それは傷ではないと、あれこれ理屈をつけることだ。君主と同じ失敗をした者は、大した過失ではないと言って弁護しておくことだ。

己の力を自負している者〔の意見〕に、それは難しいでしょうなどと、けっしてけちをつけてはならない。

決断力に自信を持っている者を、その欠点をついて怒らせたりしてはいけない。相手がよい計画だと思っている時に、悪いところをあげつらって追いつめたりしてはいけない。

要するに、君主の意向に逆らわず、ことばづかいにもよくよく気をつけて始めて、自分の知恵と弁舌とを存分に生かすことができるのだ。

このようなしかたが、つまり、君主に気にいられ、疑われず、自説を述べ尽くすことができる方法なのだ。伊尹（殷の湯王の宰相）が料理番になり、百里奚（秦の穆公の宰相）が奴隷にまでなったのは、いずれも君主に用いられようとしたからである。

この二人は聖人である。それでもそのように卑(いや)しい仕事をしてまで、出世の糸口をつかまなければならなかったのだ。だから、自分の意見が聞き入れられ、それによって世を救うことができるのならば、たとえ料理番や奴隷に身を落とそうとも、恥にはならないのである。

長い月日をへて、君主の信任も厚くなり、立ち入った策を奏上(そうじょう)しても疑われず、君主と言い争っても罰せられなくなったならば、堂々と利害を判断して述べ、自分の意見を実現化して事の是非(ぜひ)をずばりと述べることを身上(しんじょう)とする。こうして〔議論としては〕君主と対等の関係を保てるようになれば、それこそが献策の最上のものとなる。（説難篇）

五七　君主の逆鱗(げきりん)

昔、弥子瑕(びしか)（衛の霊公(れいこう)の寵臣）は衛君（衛の霊公）の寵愛(ちょうあい)（同性愛）をうけていた。さて衛国の法律では、勝手に君主の車に乗った者は、足切りの刑に処せられることになっていたが、ある時、弥子瑕の母親が病気になり、夜ひそかに彼のもとへそのことを知らせてくれる者があった。弥子瑕は君命(くんめい)と偽(いつわ)って君主の車に乗り、母親のもとへかけつけた。そのことを聞いた君主は、「何と親孝行者よ。母のためには足切りの刑さえ恐れぬのだからな」と言った。

また君主と果樹園に遊びに行った時、弥子瑕が桃を取って食べたところ、あまりにおいしかったので全部食べずにその半分を君主に差し上げた。君主は、「わしを愛しているなあ。自分のおいしさはさておき、わしに食べさせてくれるとは」と言った。

やがて弥子瑕の容貌が衰え、寵愛もうすれた後、君主からとがめをうける事件があった。そのとき君主は言った、「こやつは、昔、わしの車を勝手に乗り回し、わしに食いかけの桃を食わせおったわ」と。

弥子瑕の行動は同一事実である。それなのに先にはほめられ、後には罪とされたのは、君主の心が変わったからである。君主から気にいられれば、自分の才覚も用いられていよいよ信頼されるが、いったん憎まれたが最後、何を言っても疑われ、うとんぜられるだけである。

だから、諫言したり、自説を述べようとする者は、相手が自分を気にいっているのか否かを、よく見極めなければならない。あの竜という動物は、十分に馴らして乗ることができる。しかし、喉の下にある直径一尺（約二十二・五センチ）ほどの逆鱗に触れようものなら、必ずその人を殺してしまう。君主にも逆鱗がある。説く者は、その逆鱗に触れさえしなければ、まあ成功と言えるだろう。（説難篇）

▼「餘桃（食いかけの余った桃）罪」の出所である。

五八　和氏の璧

楚の国の和氏という者が、粗玉を楚の山中で見つけ、厲王に献上した。王がそれを鑑定させたところ、「ただの石でございます」と玉工が言った。厲王は偽り者めと、和氏の左足を切り落とした。

厲王が死んで武王が即位すると、和氏は再び粗玉を武王に献上した。武王はそれを鑑定させたが、またしても玉工は、「ただの石でございます」と言った。武王は偽り者として、彼の右足を切り落とした。

武王が死んで文王が即位した。和氏は粗玉を抱え、楚の山の麓で三日三晩泣き通した。涙も涸れ、あとから血が流れ出た。文王がそのことを聞きつけ、人をやって理由をたずねさせた。「世間には足を切られた者がたくさんおるのに、なぜお前ばかりがそれほど悲しむのか」と。

すると「私は足を切られたのが悲しいのではございません。このようなすばらしい宝玉が石ころ扱いされ、正しい〔ことをいう〕人間がうそつき呼ばわりされるのがつらくて、こうして悲しんでいるのです」と和氏は答えた。

そこでようやく王はその粗玉を玉工にみがかせてみたところ、立派な宝玉になった。こういう経緯で「和氏の璧」と名づけたのである。（和氏篇）

五九　間男された上、犬の糞を浴びせかけられた男

燕国の人で、物の怪にとりつかれたわけでもないのに、犬の糞を浴びるはめになった男の話がある。燕国の或る男、妻が若い燕とこっそり不倫を行っていた。さてこの男、予定より早く外出からもどってきたところ、帰る若い燕とちょうどでくわした。男は妻に尋ねた、「どういう客だ」。妻は、「お客さまなどいらっしゃいませんよ」と言う。まわりの者に聞いても、だれもいなかったと言う。まるで口裏を合わせたようにである。

妻が言う、「あなた、〔物の怪にとりつかれて〕おかしくなったのではありませんか」と。そこで男に、犬の糞をつかって行水させた（当時、犬の糞の汁を浴びれば、つ

き物がおちると信じられていた）。

一説に言う。燕の人李季は好んで遠出した。妻は若い燕とこっそり不倫の最中。さて李季が急に帰ってくる。若い燕は寝室に。妻はあたふたひやひや。

そこで、妻づきの女中が言う、「あの方を〔物の怪のように〕裸にして髪をふりみだし、門からまっすぐに出ていかせなさいませ。私たちは見なかったことにいたします」と。

そこで、若い燕、そのとおりにして急いで門から出て行った。

李季は、「あれは何だ」と言うが、家中しらんぷり。李季は「はてさて、わしは鬼〔物の怪〕を見たのじゃろうか」と言う。かの女中、「そうでございます」と答える。「こういうことになってしまって、どうしたものだろうか」。「五牲〔牛・羊・豚・犬・鶏〕の糞をもちいて湯浴みなさいませ」。「おおそうじゃ」と、李季は糞を浴びた。これは、一説では蘭の湯を浴びたとも言う。〔内儲説下篇〕

六〇　狡兎尽くれば良犬烹らる

〔会稽の恥をそそぐために〕越王の勾践が呉王の夫差を攻めた。〔敗れた〕呉王・夫差はわびをいれ、降伏してきたので、越王勾践は許してやろうと思った。

しかし、范蠡と大夫種（両名とも越の重臣）とは、「だめです。以前、天は〔越と呉とが戦った時、呉に味方して、呉を勝たせ〕わが越の国を呉に与えようとしましたのに、呉は受け取りませんでした。いま、〔越が勝利いたしましたのも〕天が反対に呉王夫差に味方しなかったためでございます。これは天が呉王夫差に禍いしたと申せましょう。天が呉をわが越に下さるのですから、ありがたくいただけばよいではありませんか。呉をお許しになってはいけません」と言った。

呉の大臣の嚭が大夫種に手紙を送って言った、「すばしっこい兎を狩りつくしてしまうと、猟犬は烹て食べられる。敵国が滅びると、軍師は殺される。あなたは呉を許して越の禍いとして残しておかないのでしょうか」と。

大夫種はこれを読んで大きくため息をついて嘆きながら言った、「呉が滅べばわたしは殺されるだろう。呉と越とはどちらかが他方を滅ぼす運命にあるのだから」と。

（内儲説下篇）

六一　鄭袖の嫉妬

荊（楚）王の寵愛する妾に鄭袖という女性がいた。さて荊王が新しく美人を得た。鄭袖はそこでこの美人に教えた、「王様は人が口を覆うのが大好きです。もし王様に近づくことがあれば、必ず口を覆いなさい」と。美女はお目見得をし、王に近づく。そこで、口を覆った。

王がその理由を尋ねると、鄭袖が言う、「最初っから王様の臭いがきらいだと言っておりました」と。王と鄭袖・美人の三人が一緒になった。その前に、鄭袖は従者に、「王様がもし何かおっしゃったら、きっとすぐさまおことばに従うんだよ」と言いつけておいた。さて美女が進みでて王に近づくと、しきりに口を覆う。王は顔色を変えて怒った。「鼻を切りとってしまえ」。従者は刀を抜くと、美人の鼻を切ってしまった。

一説に言う。魏王が荊王に美人を贈ってよこした。荊王はたいそう悦んだ。夫人の鄭袖は王がこの美人を寵愛しているのがわかると、同じくこれを慈しんで世話をすること王以上であった。衣裳や嗜好品など美人が望むものを択んで作ってやった。

王は、「夫人鄭袖はわしが新しい女性を寵愛するのを知って寡人（諸侯が自分を謙遜していう一人称のことば）よりももっと彼の女性を可愛がる。これこそ孝行な子が親を養ったり、忠義の臣が主君に仕えるようなものである」と言った。

夫人鄭袖は自分が嫉妬していないと王が思っているのがわかると、かの美人に言う、「王様はたいそうあなたをご寵愛なさっておられます。ですがあなたの鼻はお気に召さないようですよ。あなた、王様にお目にかかるときは、いつも鼻をおかくしなさい。きっと王様は長くあなたをご寵愛なさるでしょう」と。

そこで、かの美人は、いわれたとおりに、王に会うたびごとに、鼻をかくした。

王は夫人鄭袖に言った、「あの女は寡人に会うと、鼻をかくすが、いったい何故(なぜ)じゃ」。

夫人鄭袖は、「とんとわかりませぬ」と答える。

王はなんとしても聞こうとする。

「そういえば、このあいだ王様の臭いをかぐのがいやだと申しておりましたっけ」。

王は怒って言う、「鼻を切りとってしまえ」。

これより先、夫人鄭袖は従者に「王様がもし何かおっしゃったら、きっとすぐさまおことばに従うんだよ」と言いつけておいた。そこで、従者はすぐさま刀を抜いて、かの美人の鼻を切り落した。（内儲説下篇）

六二　良薬は口に苦く、身の程をわきまえること

聞くところ、扁鵲（古代の名医）はその病人を治すのに小刀で骨を刺すし、聖人が危うい国を救おうとすると、耳に逆らうような忠言をするとか。骨を刺すと、すこし体は痛むが長い目でみると〔病気が治るという〕利益が得られる。〔ことばが〕耳に逆らうと、ちょっと反感を抱くが、とこしえの幸福が国にもたらされるのである。

重病人の利というのは、治療の痛みをこらえることにある。剛毅な君主も幸福のために耳に逆らう忠言を聞く。治療の痛みをこらえると、〔名医の〕扁鵲も能力の限りを尽くす。耳に逆らう忠言を聞くと、伍子胥（呉の忠臣。呉王夫差を補佐して、宿敵の楚国を破るが悲劇的最期をとげる）のように呉国に忠をはげんだ臣も自殺しなかったろう。

これは、国家が長く治まり、とこしえに平安にする方法である。病気になって、治療の痛みを我慢しなければ、扁鵲も能力の限りを尽くせない。危うくなっても、〔臣下の〕耳に逆らう忠言を聞かなければ、聖人の配慮もむだになる。〔相手の正しい意見に従わないという態度〕そのようであると、利益は長く続かず、功績は永らく伝わらない。

君主というものは、自分は堯（伝説上の賢君）のような政治ができないと責めない

くせに、臣下が伍子胥のような忠臣でないと責める。これは、殷の人がすべて比干（殷の暴君である紂王を諫めて殺される）のようであれと願うのに等しい。

臣下がすべて比干のようであれば、君主は失政がなく、臣下は君主に背かない。しかし、君主は自分の器量を計りもせず、田成子（春秋時代の斉国の宰相。善政を施し、田氏一族が斉国を奪いとる基礎をつくる）のような臣が現れてきているのに、臣下がすべて比干のようになってほしいと願う。したがって、国がすこしも安定しない。

堯・舜（伝説上の賢君）を廃位して桀（夏の暴君。殷の紂王と並んで暴虐な天子の代表とされる）・紂を位につければ、人々は長所を発揮する楽しみが得られず、短所をあばきたてられる不安にさいなまれる。長所が発揮できなければ、国家に功績を立てることがない。そして一方、短所をあばきたてられないように身体を小さくして生きてゆくとなると、人々には生きがいがない。〔そのように〕功績のたてようのないしかたで生きがいをなくした人々を支配する。これはすべての人民に行えるものではない。このようであれば、君主は臣下を用いることができず、臣下は君主に仕えることができない。（安危篇）

六三　刑罰を行う

聖人が人民を統治するしかたは、根本原則を考慮して、好き勝手をさせないことである。民に利益があるようにと願うだけである。したがって、民に刑罰を加えるのは、憎くてそうするのではない、〔そうすることが〕民を愛する根本だからである。刑罰が優先すると、民は落ち着く。もし恩賞が乱発されるとそれを得ようとして邪悪な行為が生じる。だから、刑罰を優先させるのは統治の出発点、逆に、恩賞を乱発するのは混乱の根本なのである。

そもそも、民の気持というのは、〔法による急激な変化を好まないので〕乱れた状態であってもそのほうが好ましいとし、法に親しまない。そこで、すぐれた君主が国を治めると、恩賞の基準をはっきりさせて、民に功績をあげるように励ます。〔一方〕刑罰を厳しくして法に親しませる。

功績をあげるように励ませば、国家の政治も邪魔されない。法に親しませれば、悪事には考えがおよばない。だから、民を統治する人物は、悪事が発生する前にその芽をつみとる。

戦争する場合は、民の気持を戦争に適応させる（挙国一致の態勢をとる）。その根本のところを先によくコントロールしておくと治まる。戦争では、功名を立てたいというように仕向けると勝つ。聖人が国を治める場合、まずその根本をコントロールして国を治めた者が強く、まず兵士の気分を功名にかりたてたうえで戦ったものが勝つ。

そもそも国政では、〔何事にも〕はじめにコントロールするようにつとめ、民の気持をひとつにする。ひたすら公であることにつとめて私に従わない。告発を奨励すると、姦悪は生じない。法律をはっきりさせると、統治することは煩わしくなくなる。

以上の四者をうまく運用する国は強く、〔逆に〕四者を運用できない国は弱い。国家が強大となるのは〔法を中心にすえた〕政策による。君主の尊厳は権力による。明君には権力があり政策があるし、暗君にも権力があり政策がある。

〔しかたはおなじなのに〕君主の間で結果が異なるのは、その立場が違うからである。名君は権力を握ると、尊厳にあふれ、政策を一致させ、国家を安定させる。したがって、法は君主の根本であり、刑罰は愛の出発点なのである。（心度篇）

六四　犯罪防止法

きわめてよく治まった国は悪事を防ぐことにつとめる。これはどうしてできるのか。

その法が人情に通じており、国を治める道理にかなっているからである。

では、小さな悪事を除く方法はどうか。

それは、努(つと)めてたがいにそれぞれの事情を監視させる。

相互監視させるのはどうすればよいのか。

村人どうしを〔罪に〕連座(れんざ)させるだけだ。禁令で、やはり自分に連座するものがあれば、村人は監視せざるをえない。他人が罪を犯してそれに連座して逃れられないことを恐れてのことである。悪者は悪事を謀(はか)れない。監視する者がたくさんいるからである。


このようであれば、身を慎んで他人を監視し、ひそかな悪事をあばきたてる。あやまちを告発するものは、処罰を免(まぬか)れて恩賞を受ける。悪事を見逃したものは、処罰され刑罰に連座する。こうすれば、悪事はあばきたてられる。悪事は細かなことでも見逃さない。密告や連座がそうさせるのである。（制分篇）

六五　政治には、徳より法

歴山(れきざん)（地名）の農夫たちが、田の境界争いをしあっていたが、舜(しゅん)（のちにすぐれた天子となった人物）がそこへ行って耕作したところ、その人格に感化され、一年で境界争いはなくなった。

また黄河のほとりの漁夫たちが漁場の取りあいをしていたが、舜が行って漁をしたところ、争いあっていた連中が一年で、漁場を年長の漁夫に譲るようになった。

また東夷（東の方の異民族）の陶工が作り上げる陶器は、できぐあいが大ざっぱであったが、舜が行って作ったところ、一年で、しっかりとした陶器を作れるようになった。

孔子は、心から舜の行動に感心してこう言った、「田畑を耕作すること、漁をすること、陶器作りをすること、これらはすべて舜の仕事ではないのに、舜が出向いてこれらをしてみせたのは、争いの起こるような悪いところを改めさせようとしたからだ。舜は本当の仁者（愛情の深い人）だなあ。自分から力を貸して、民の苦しい仕事をしていく中で、民は自然と舜についてきた。だから、これを『聖人の徳化（感化）』というのじゃ」と。

ある人が、儒者に質問した、「その時に、堯（古代の聖王）はいったいどこにいたのですか」と。儒者は答えた。「堯は天子の位におられたわい」と。

するとある人は、つぎのように論じた、「それなら、孔子が堯を聖人として敬っているのはどうかな。なんでもはっきり見抜ける聖人が、民の上にいたならば、天下に悪いことが起こらないようにさせることができるはずなんだ。いま〔堯のおかげで〕農夫も漁夫も争わず、陶器もまずい作りなんかでなかったなら、舜はその上どうして徳で教化する必要があろうか。そんな必要はない。舜が悪いところを改めようとしたのは、天子の堯に政治の誤りがあったからなんだ。舜を賢い人とすると、〔その時の政治責任者である〕堯がすぐれた見通しを持っていたということにはならなくなり、逆に、堯を聖人とすると、〔政治はもうすでにりっぱに行われており、つぎのリーダーであった〕舜が徳で人を教化する必要などありえなくなる。そりゃ、そうだろう、堯の明察と、舜の徳化と、二つが共に成り立つことなどありえないのだ。

たとえば、楚の国で、楯と矛とを売る者がいたのだが、その男は、楯を自慢して言うのに、『私の楯の丈夫なこと、どんなものも突き通すことはできない』と。また一方で、その矛をほめて言うのに、『私の矛の鋭利なこと、どんなものでも、貫き通せられる』と。するとそれを聞いていたある人が言うのに、『それじゃ、あなたの矛で、あなたの楯を突いたらどうなるのかな』と。商人は、さっぱり答えることができなかった。
そもそもだね、突き抜くことのできない楯と、なんでも通すことのできる矛とが、同時に、世の中にありうるはずがないだろう。今、堯と舜との二人を同時にほめることができないのは、この〈矛盾〉の話と同じことなんだ。（二七「矛楯（盾）」参照）
また、舜が争いごとを改めようとするのに、一年でたった一つ改め、三年でやっと三つを改めるだけだ。だが、舜だって人間だ、人の寿命には限りがある。天下の争いごとは、やむことがない。生命に限りのある人間が、数限りない争いごとを正そうとしても、改めることのできる争いごとは、少ないではないか。
そんなまわりくどい方法をとらずに、賞罰を天下の民に必ず行うことだ。布令を出して、『きまりを守っている者には褒美を与える。きまりを守らない者は罰する』としたなら、朝出した布令は、暮れになるともう悪いところは改められているし、暮れに出した布令は、朝になるともう悪いところは改められている。そして十日も経つと、国内すべてに浸透してしまう。一年もかかりはしない。だのに、舜は、この方法を堯に説いて、堯の出した布令に民衆を従わせることをしないで、自分一人でしこしこと感化しようとした。政治を行う者としてはなんとも無策なことであるわな。

考えてごらん。自分が身体を動かして、苦労して民を教化していくというのは、堯・舜でも難しいこと。しかし、権力の座にいて人民を正すのは、愚鈍な君主であっても〔法に拠る統治は〕やすやすとできることなんだ。天下を治めようとするのに、愚鈍な君主でもできるようなたやすい方法を捨ててしまって、〔徳化してゆくなどという〕堯・舜でも難しい方法を実践するように唱えようなどと考えている儒者ども、そんな連中と政治を共にするわけにはいかないんだ」と。（難一篇）

▼現在では、「朝令暮改」というと、「朝に立てた方針を夕べ（暮）には改めてしまう」というような、方針が一定していないという意味に使われており、この項目に出てくる「朝令暮改」の本来の意味は使われていない。

六六　人を信用することの落とし穴

叔孫〔という名門の穆子という人物〕は魯国の宰相として、位は高く政治の実権を握っていた。彼がかわいがっていた臣下に豎牛という者がいた。ところが、この男、叔孫の命令を勝手気ままに運用していた。叔孫には男児がいて、名を壬という。豎牛は、この壬をねたんで、殺してしまおうと計画した。

そこで、どうしたかというと、壬と二人で魯の君のところへ遊びに行く。魯の君は壬に玉環（玉で作った腰飾り）をお授けになる。壬はこれをありがたくいただいたが、腰に付けようとはしないで、豎牛にこの玉環を付けてよいかどうかを、父に伺わせた。豎牛は壬をだまして言った、「私は、あなた様のためにこのことを伺いました。お父上は、あなたが玉環を腰に付けてもよいとのことでありました」と。壬はそのことばどおり玉環を腰に付けた。

豎牛はそこで、今度は〔父親の〕叔孫に申し上げる、「どうして壬様を魯の君にお目通りさせなさらないのですか」と。

叔孫は言う、「まだ子供だよ。どうして御主君にお目通りなどさせられようか。まだ時期が早いわ」と。

豎牛は言った、「壬様は、もうすでにたびたび、魯の君にお目通りなされています。その上、殿様は壬様にもう玉環までお授けになられました。壬様はその玉環を腰に付けていらっしゃいます」と。

半信半疑の叔孫は、壬を呼び出して見てみたところ、本当に玉環を腰に付けていた。叔孫は怒って、壬を殺してしまった。

壬の兄を丙という。豎牛はまた丙をねたんで、殺そうと計画した。

叔孫は、丙のために鐘を鋳て、鐘ができあがった。丙は鐘を打とうとはしないで、鐘をついてよいかどうかの許可を得ようとして、豎牛を叔孫のところに伺わせた。

ところが、豎牛は叔孫にひと言も言わないで、またまた、丙をだまして言う、「私は、もうあなた様のためにお伺いをいたして参りました。お父上は、もう鐘を打ってもよいとおっしゃっていました」と。

そこで丙が鐘を打った。叔孫はそれを聞きつけて、次のように言った、「丙のやつめが、わしに何の相談もせずに勝手に鐘を打っている」と。怒って丙を国外に追い出した。

丙は国外に出て、斉国に逃げた。一年経って、豎牛は丙に代わって叔孫に謝った。叔孫は豎牛を呼んで、丙を国内に呼びもどさせた。

ところが、豎牛は丙を国に呼びもどさずに、叔孫に申し上げる、「私は、もう丙様をお呼びいたしました。けれども、丙様は大層あなた様に恨みを抱いておられまして、その怒りがはなはだしく、決して帰ろうとされません」と。

叔孫は、激怒して、人をやって丙を殺させた。二人の子が死に、叔孫はやがて病気になった。そこで豎牛は、一人で叔孫を介護して、臣下たちを遠ざけてしまい、他人を部屋の中に入れようとはしない。

そして、言うには、「わが君は人の声を聞くことを望まれていないのだ」と。そのために、叔孫は何も食べることができなくて餓死してしまった。

叔孫が死んだ後も、豎牛は叔孫の死を秘密にしておく。そして叔孫の蔵の中にあった宝物を、すべて運び出し、蔵の中をからっぽにして、斉国に逃げ出した。

さてさて、信じていた者のことばをうのみにして信用したばっかりに、子とその父親とが共に辱しめられてしまった。これは、家臣の言うことと、行動とを照合して点検しなかったばっかりに、自らが墓穴を掘ってしまったという話なんだ。(内儲説上篇)

▼この話は中島敦の小説『牛人』や『春秋左氏伝』昭公四、五年の説話との連関があろう。

六七　刑罰は、軽いものこそ重く

公孫鞅(戦国時代の衛国の人・商鞅のこと)の法は、軽い罪を重く罰した。なぜなら、重い罪は人間誰しも、めったに犯さないものであり、そして、小さな過ちというものは、人間誰しも避けようと思えばすぐ避けられるものだからである。だからこそ、人に避けやすいような小さな罪を避けさせて、めったに犯さないような大罪にひっかからないようにさせる、これが、世の中を正しく治める道というものだ。

そもそも、小さな罪を犯すことなく、大きな罪も犯すことがないとなると、当然、人には罪がなくなり、騒乱など起きるわけがないのだ。

一説に、公孫鞅はこう言った、「刑罰を行うのに、その軽い罪を重く罰すると、軽い罪は起こらないし、まして重い罪は起きることがない。このことを『刑を以て刑を去る』（刑を用いはするが、その威力の効果によって、実際には刑を科さなくてすむようにする）というのだ」（『商君書』斯令篇）と。（内儲説上篇）

六八　利あるところ勇気あり

鱣（うみへび。あるいは、うなぎ）は蛇に似ており〔形が長細いが食用にできる〕、蚕はいわゆる毛虫に似ている〔が、絹を作り出す〕。人は蛇を見ると、びっくりし、毛虫を見ると身の毛もよだつ。だのに、婦人は平気な顔をして、蚕をつまみあげ、漁師は鱣をわしづかみにする。利益があるとなると、人が嫌うことなどは忘れてしまっ

て、みんなあの孟賁（戦国時代の勇士）のような勇士となる。（内儲説上篇）

六九　ゆとりあるときの後悔こそ国の大事

三国（斉・魏・韓）の連合軍が攻めてきた。秦王は臣下の楼緩に「三国の兵が秦に深く攻めこんでいる。わしは、河東（山西省の西部）の一部を与えて和睦しようと思うのじゃが、どう思うか」と尋ねた。

楼緩の答えは、「とんでもないことです。河東の一部を与えるなど、大きな損失です。これは、皇族方のお仕事です。公子汜さまをお呼びになって、お尋ねなされてはいかがですか」というものであった。

そこで王は、公子汜を呼び出して、このいきさつを告げた。公子汜が答えて言うには、「和睦なされましても悔いましょうし、和睦なされなかったとしても悔いましょう。今、河東の一部を与えて和睦なされるなら、きっと、三国はそれぞれ自国に帰っていくでしょう。けれども、わが君はきっとおっしゃるでしょう。『三国はもともと引き上げようとしていたのに、わしはむざむざ三城もただでやってしまった』と。もし和睦しませんでしたら、三国は韓に集結し、国中は大いに痛めつけられてしまうでしょう。そのとき、わが君はきっと大いに後悔なされて、『しまった、三城をやらなかったばかりに、こんなになってしまった』と、おっしゃるでしょう。だからこそ、私は、『王が和睦なされても後悔されるし、和睦なされなくても後悔なさる』と申し上げるのです」と。

すると秦王は、「もし、いずれにせよ後悔するのだったら、むしろ三つの城を失ってから後悔しよう。国が危険な状態になって後悔することのないようにしよう。その方がずっといい。よし、和睦することに決めたぞ」と言った。（内儲説上篇）

七〇　いばらのとげの先に猿の像を彫る話

宋の国の或る男が、燕王のため、いばらのとげの先に猿の像を彫ってさしあげたいと申し出た。ただ、三ヵ月間の物忌みをしていただかないと、その猿の像をごらんになれない、とのことであった。

燕王はそこで戦車三台（一台につき歩兵らが百人つく）を出せるほどの領地を与え、この男を召し抱えた。

するとお側に控える鍛冶職人が王にこう申し上げた、「私めの承りますところでは、君主たるお方は、十日も酒を召されぬような物忌みをなさらぬものでございます。今あの者は、無用の物をごらんになるために長い物忌みをなさることなど、殿にはおできにならぬと承知しておればこそ、三ヵ月もの物忌みを条件として申し出たのです。また、そもそも彫刻をする場合には、彫るための小刀のほうが彫られる材料よりも小さいものでございます。いま私めは鍛冶屋にございますが、いばらのとげの先を彫るだけの小さな小刀は、とても作ることができませぬ。ですから、そもそもあの者の申すような猿の像など、この世に存在しないのでございます。ここの所を殿にはよくお考えいただきたい」と。

そこで例の男を捕え、問い質してみると、果たしてでたらめであった。

その結果、王はこの男を殺した。

その時、先の鍛冶職人が再び王に申し上げた、「およそ物事を図る場合には、何らかのしっかりした基準に基づかねばなりません。そうでなければ、弁論の士たちがあの男のようにでたらめな話を続々と持ち寄ることになりましょう」と。

またこの話は次のようにも伝わっている。

燕王は精巧な細工が施された物を好んだ。すると衛(えい)国の或る人が、いばらのとげの先に猿の像を彫ることができると申し出た。

燕王はたいそう喜び、その男を客分(きゃくぶん)として召し抱え、戦車五台を出せるほどの領地を与えた。そして「ひとついばらのとげの先に彫った猿とやらを作ってみせよ」と言った。

男は答えた、「私の彫る猿の像をごらんになりたいとおっしゃるならば、半年の間後宮(こうきゅう)にお入りになることをおやめになり、また酒や肉をお口になさることもおやめになってください。そしてその上で、雨がやんで日が昇るときに、その像を暗いところからごらんになれば、いばらのとげの猿をごらんになることができましょう」と。

そういうわけで〔その条件を満たすことがむつかしく〕、燕王はせっかくその男をお抱えになりながら、その男が彫るという猿の像を見ることができずにいた。

すると、鄭(てい)の台下(だいか)（地名）に住む鍛冶屋が燕王にこう申し上げた、「私めは小刀を作る者にございますが、精巧な彫り物をする時には、この小刀が欠かせませぬ。しかしその場合でも、小刀で彫られる材料のほうが、彫る小刀よりも大きいものと決まっております。ところが今、あの者の申しているいばらのとげの先はあまりに小さく、たやすく小刀の刃で彫れるものではございません。ですからあの者の使う小刀をごらんになれば、本当に猿の像なぞ彫れるものかどうか、王にもおわかりになりましょう」と。

王は「よし」と答え、さっそく例の男にこう言った、「客人よ、いばらのとげの先に猿の像を彫るには、どんな道具を使うのじゃ」。

男「小刀にございます」。

王「わしにその小刀を見せてくれぬか」。

男「では宿舎にもどって取ってまいりましょう」。こう答えた後、男はそのまま逃げ落ちてしまった。（外儲説左上篇）

七一　「白馬は馬にあらず（白馬非馬）」を説く男

兒説（倪という姓もある）は宋国の人で、弁舌に巧みであった。彼は「白馬は馬ではない」という論理を操り、斉国の稷下（地名）に集う多くの弁論家を論破していた。

ところがその兒説も、実際に白馬に乗って関所を通る時には、白馬にかけられた馬の通行税を納めた。

つまり、どんなに空疎な議論にすぐれ、国中の弁論家を負かすことができる男でも、実際のところをよく考え見極めることになれば、だれ一人としてだませはしないものなのである。（外儲説左上篇）

▼白馬非馬とは、公孫龍という人物が主張した論理。その意味するところは、馬の色が白いという「色の認識」と、それは馬であるという「形の認識」とは〈同時には〉成立しないということであった。しかし「白」といわず「白馬」といったので、「白馬」は「白い馬」の意味として理解された。その結果、元の意味（意図）が忘れられ、「白馬は馬でない」というのは詭弁だという話になってしまった。

七二　利を以て人を使う

子供のころ、両親に大切に育てられた経験がない人は、成長してから両親を怨むものである。また、立派に成長した子供から孝養を尽くされることがない両親は、腹を立ててわが子を責めるものである。

親子の縁はこの世で最も親密なものだというのに、実際には親子がたがいに責めたり怨んだりする。これは、親子ともども相手に甘えるところがあるばかりに、結局、自分の利益にならないからである。

ところで、人を雇って野良仕事をさせるとき、主人が雇い人に出す食事や報酬を惜しまないのは、別に彼らを愛しているからではない。そのようにすれば、雇い人が鍬打ちや草刈りに精を出し、能率よく働いてくれるだろうと思ってするだけの話なのである。

また、雇われた側の者が仕事に精を出し、せっせと畔道（田畑と田畑との境界としてできた細い道）を直したりなんぞするのも、別に主人を愛しているからではない。そうすれば、与えられる食事や報酬が良くなるだろうと思ってするだけの話なのだ。

このとき、主人が雇い人を使うのに親子のような恵みがあり、しかも雇い人のほうも与えられた仕事をしっかりこなすのは、それぞれそうすることが自分のためになると思っているからである。

だから、人が何か事業を行ったり施しをする場合、相手にも利益があるようにと思ってやれば、親しくない者とでもうまくつきあえる。

しかし、相手に損害を与えてでもと思ってやれば、親子のように親しい者同士でも仲違いし、怨むようになるのだ。（外儲説左上篇）

七三　兵の膿を吮う将軍（吮疽の故事）

呉起は魏国の将軍に任命され、中山国（戦国時代の国名。今の河北省定県）を攻撃した。そのおり、兵の一人がはれものに悩んでいると、呉起将軍がひざまずき、〔自分の〕その口で兵の膿を吸い取ってやった。するとその兵の母親がたちまち泣き出した。ある人が尋ねた、「おまえの息子のため、将軍さまはあんなことまでして下さったというのに、なぜ泣くのだ」と。母親は答えた、「あの呉起将軍は、あの子の父親の創からやはり膿を吸い取ったことがございます。その御恩に報いるため、あの子の父親は〔必死になって戦い〕死んでしまいました。ですから今度も、〔御恩に報いるため〕あの子は死んでしまうことになりましょう。だからいま私は泣いているのです」と。（外儲説左上篇）

七四　ズボンはズボン、軛は軛

鄭県の卜子という男が、妻にズボンを作らせることにした。妻が尋ねた、「今度はどのようなズボンにいたしましょうか」。

夫「前の古いのと同じにしてくれ」。するると妻は、せっかく作った新しいズボンを破き、前の古いボロズボンと同じようにした。

鄭県の或る男が車の軛（牛馬のくびにあてる横木）を拾った。ところがその男、それが何という名前のものか知らなかった。そこである人に尋ねた、「これは何というものでしょうか」。「くびきというものだ」。ほどなくしてまた軛を拾った。そこでまた人に尋ねた、「これは何というものでしょうか」。「くびきというものだ」。すると男は激しく腹を立てて言った、「さっきもくびきだと言い、今度もくびきだと言う。全く同じ名前のものが何でそんなにたくさんあるのだ。さては俺をだましたな」と。とうとう喧嘩になってしまった。（外儲説左上篇）

七五　誤解――瓢箪から駒

或る古書に、「之を紳し、之を束す」と書いてあった。そこでこの書物を学んだ宋国の或る人は、帯を二重に締めるようになった。

或る人が尋ねた、「いったいどうしたことだ」。宋国の人は答えた、「古書にこう書いてあるのだ」と。

或る古書に、「既に彫し既に琢し、其の樸に還帰す」と書いてあった。梁国の或る人がこの書を読んでから、何をするにもいちいち学問を引き合いに出して飾りたてるようになった。

そのため何をするにも難しいと言い、いったい何をしているのかわからなくなる始末だった。或る人が尋ねた、「いったいどうしたことだ」。梁国の人は答えた、「古書にこう書いてあるのだ」と。

郢（楚国の都）の或る人が、燕国の宰相に手紙を送った。夜中に手紙を書いていたところ、どうも手元が暗い。そこで明かりを持つ者に命じた、「燭を挙げよ」。するとそのはずみで、その人は手紙にも「燭を挙げよ」と書いてしまった。もちろん手紙の内容とは関係なしに書いたのである。

さてその手紙を受け取った燕国の宰相は、手紙を読んでこう言った、「この『燭を挙げよ』とは、明（明るいこと）を尚べということ、すなわち賢者を採用して要職に任命しろということに違いない」と。

さっそく宰相は、王に賢者登用の策を申し上げた。王はたいそう喜び、その策を実行したので、燕の国はよく治まった。

〔なるほど〕治まったことは治まったのだが、これは例の手紙が意図したところではないのである。今の世の中の学者連中にも、これに似たことをしている者が少なくない。（外儲説左上篇）

＊紳之束之―紳・束とも、帯をしっかりたばねること。ただし、ここでは身を慎むの意である。ところが、この宋人は文字通りに解釈し、帯を二重に締めてしまった。

＊既彫既琢、還帰其樸―彫・琢は、ともに玉を美しく加工すること。樸は、まだ加工されない状態。最高の作為は、かえって素朴に立ち返るの意。梁人はこれを誤解し、過度に飾りたてて、でたらめな状態になることとなった。

七六　君主は率先するな

宋国の襄公が、楚国の軍隊と涿谷（地名）のほとりで戦った。宋軍はすでに戦闘態勢を整えていたが、楚軍はまだ河を渡っていなかった。

宋国の右司馬（陸軍大臣）である購強は、襄公のもとへ駆けつけて進言した、「敵軍の兵は多く、我が軍の兵は少のうございます。ですが、敵軍の半分に河を渡らせておき、まだ戦闘態勢の整わないところを攻撃すれば、必ずや我が軍が勝利を収めましょう」。

襄公は答えて言った、「わしが聞いたところでは、古の君子はこうおっしゃったそうじゃ。『傷ついた兵に追い打ちはかけぬ。老兵は捕虜にせぬ。敵を険しいところに押しやらぬ。敵をせまいところに追いたてぬ。まだ陣を整えていない敵には攻撃せぬ』とな。いま楚の軍はまだ河を渡っておらん。もしこれに攻撃をしかけようものなら、それは義にもとる行為じゃ。だから、まず楚の全軍に河を渡らせて陣を整えさせよう。それから我が軍は、合図の太鼓を打ち鳴らして進軍しようぞ」。

購強は言った、「殿は我が国の民を愛しておられず、また我が軍の兵士たちをも大切に思っておられず、ただ形ばかりの義を行われようとしておられる」。

襄公はこれを聞いて命じた、「直ちに戦列にもどれ。さもなくば軍法会議じゃ」。購強は命令に従った。

さて楚の軍が戦闘態勢を整え、布陣を完了した。そこでようやくのこと、襄公は進軍を命じた。

するとその結果は〔河を渡るのに全軍が成功した楚軍の意気は上り〕宋軍の大敗、襄公自身股に傷を負い、三日後に亡くなった。これは仁義を慕ったばかりに招いた災いである。

そもそもまず君主自身がしてみせ、それに民が従ってゆくというしかたでは、畑仕事に精を出して食物を手に入れ、また戦闘に従事して先頭に立って行軍するといったことまでも、まず君主がしてみせなければならなくなる。これではあまりにも君主は危険であって、臣下は安全ということではなかろうか。（外儲説左上篇）

▼『春秋左氏伝』などに記されている「宋襄の仁」（宋の襄公の仁）すなわち仁は他者への愛ということだが、「必要のない親切や愛情」といった意味として有名な話。

七七　子供に冗談は通じない

曾子の妻が市場に出かけようとすると、その子供がついて来て泣いた。「家にお帰りなさい。お母さんもすぐ帰って、あなたのために豚のごちそうを作るからね」。曾子の妻はこう言って子供をなだめた。

さて〔妻が市場から〕帰って来た。

曾子がさっそく豚を殺そうとすると、妻はそれをおしとどめて言った、「あれはただあの子に冗談を言っただけのことですから」と。

曾子はそれを聞いてこう言った、「子供は冗談だと思ってないぞ。子供には冗談がわからないのだ。だいたい子供というものは、両親からいろいろなことを学ぶもの、両親の言うことにちゃんと従うものだ。今もし子供をだますようなことをすれば、それは子供に人をだますことを教えることになる。第一、母親が子供をだませば、子供は母親を信用しなくなる。それでは子供に教育なんぞできやしないではないか」と。

こうして結局豚は煮られた。（外儲説左上篇）

七八　官僚の心得

孔子が衛国の宰相だったとき、弟子の子皐は裁判官として或る罪人を足切りの刑に処した。そしてその足を切られた罪人は、城門の守衛になった。

さて、或る人が孔子のことを衛国の君主に讒言した、「仲尼（孔子の字）は反乱を起こそうとしております」と。

さっそく衛国の君主は孔子を捕えようとした。しかし孔子は逃亡し、弟子たちも逃亡、子皋もやはり城門から逃げ出そうとした。

するとあの足切りの刑を受けた男が子皋を導き、門の下の部屋にかくまってくれた。追手が来たが、子皋を捕えることはできなかった。

夜中になって、子皋は足切りの刑を受けた男に尋ねた、「わしは君主がお定めになった法令を破ることができず、この手でおまえの足を切った男だ。おまえにとって今こそ怨みをはらす時だというのに、おまえはなぜだか逃がそうとする。いったいどうしたわけでわしにこんなにしてくれるのだ」。

男は答えた、「私が足を切られましたのは、もともと私がそれだけの悪事を働いたせいでございますから、どうにもしようのないことでございます。ところがそんな私をお裁きになるとき、あなたさまはあれこれと法令を御検討くださいました。また私を助けようとお口添えもしてくださいました。あなたさまは私が罪を免れるように望んでくださったのです。私にはそれがよくわかっておりました。また、判決が下り罪が確定したおりにも、あなたさまはたいそう心を痛めてくださいました。そのことはお顔の様子に現れておりましたから、やはり私にはよくわかったのでございます。

あなたさまがそれほどまで私のことを思ってくださったのは、決して私に対する個人的感情からではございません。その持ってお生まれになった優しいお心によってでございます。だからこそ私はあなたさまを徳のあるお方と思い、御恩に感謝いたしておるのでございます」。

この話を聞いた孔子が言った、「りっぱな役人というものは恩徳を施すが、ダメな役人は怨みをもたらすものだ。槩は升に入れた穀物を平らにして量を一定にするが、役人とは法令を公平に実施するものである。国を治める者は、公平さを失ってはならないものだ」。（外儲説左上篇）

＊孔子相衛――孔子が衛の宰相になったこと。および反乱を起こそうとしたことは、この文のような事実は、他の資料には見られない。

＊槩――とかき。升で穀物などを量るとき、上部の盛った部分をならして升に入れた量を一定にそろえるための棒。

七九　毒も使いようで薬となる

陽虎は、こう公言してはばからなかった、「もし君主が賢明ならば、わしはその方に心からお仕えしよう。しかし、もし暗愚ならば、わしは邪悪な心をごまかし、どれだけの男かさぐってやるのだ」と。

その陽虎が、魯国から追放され、さらに斉国からも疑われて出国し、趙国へと向かった。

趙国では国君の簡主が陽虎を迎え入れ、宰相に任命した。簡主の側近はこう申し上げた、「陽虎なる人物は、しばしば国を乗っ取る危険人物。どうしてそんな男を宰相になさるのですか」と。

簡主は答えた、「陽虎はなんとか国を乗っ取ろうとし、わしはなんとか取られまいと国を守る。それでよいのじゃ」と。

こうして簡主は、術を操り陽虎をうまくコントロールした。すると陽虎は悪事を働こうともせずに簡主によく仕え、主君の勢力を盛り立てて、結局、趙国を覇者に近いところにまで強くしたのである。（外儲説左上篇）

八〇　倹約の裏側

孟献伯は晋国の宰相であったが、その屋敷の軒下には〔食用にする〕豆やあかざ（藜。若葉は食用となる。茎は丈夫で中風にならない杖として老人に愛用された。）がはえ、門の外にもいばら（茨。とげのある草）が茂っていた。食事は〔そうした植物を使った〕おかずが一品、座るのにも座席を二重にしつらえたりしない。

また絹の着物を着た側室もいない。家に居るときには馬に穀物の餌など与えず、外出するときにはお供の車をつけずに行く。

こうした孟献伯の質素な生活ぶりを叔向が聞き及び、苗賁皇に話した。

すると苗賁皇は孟献伯を批判してこう言った、「あの男のしている事は、殿さまの下さる爵位や俸禄をばらまいて目下の者に媚びることです」と。

この話は次のようにも伝わっている。

孟献伯が上卿の位を授かったので、叔向がお祝いに行った。孟献伯の屋敷では、門のところに馬車があったが、馬に穀物の餌を与えていなかった。

叔向は尋ねた、「あなたは御自分にふさわしい二頭の馬と二台の馬車とを、なぜお持ちでないのですか」。

孟献伯が答えた、「私がわが国の民の様子を見たところでは、民は飢えております。ですから私は馬に穀物を与えたりいたしません。また老人たちには徒歩の者が多うございます。ですから私は馬車を二台も持たないのです」。

すると叔向、「私は最初あなたの御出世をお祝いに参上しましたが、今こそあなたの御倹約ぶりをお祝いいたしましょう」。

叔向は孟献伯の屋敷を出て、苗賁皇にこの話をして言った、「孟献伯の倹約ぶりを祝いたいので、御賛同ください」と。

苗賁皇は答えて言った、「どうしてお祝いなんぞいたしましょうか。そもそも爵位や俸禄、旗指物というものは、〔その人の〕手柄を区別し、賢者か愚者かを見分けるためのものです。

ですから晋の国法に、持つべきものとして、上大夫は馬車二台・馬車馬二組、中大夫は馬車二台・馬車馬一組、下大夫は馬車一台・馬車馬一組と決まっておりますが、これもすべて身分をはっきりさせるためなのです。

それだけではなく、卿たる者にはそもそも軍務がございます。ですからふだんから馬車や馬を整え、兵士たちもそろえ、戦争の準備をしておきます。戦時にはそれでもって戦闘にあたり、平時にはそれらを朝参（朝廷に出仕する）に使うのです。

ところがいま孟献伯は、晋国の政治を乱して万一の備えを怠り、倹約につとめて個人の名誉を得ようとしています。これを許せましょうか。ましてや祝うことなどで

きましょうか」と。（外儲説左下篇）

八一　君主は無為であれ

申不害はこう言っている、「君主が賢明であることが臣下にわかると、臣下はそれに対応しようとして身構える。君主が賢明でないことが臣下にわかると、臣下は君主を惑わそうとする。君主に見識あることが臣下にわかると、臣下は粉飾を施してごまかそうとする。君主に見識がないことが臣下にわかると、臣下は実情をかくしてしまおうとする。君主が無欲であると臣下にわかると、臣下はどうしてそうなのか様子を窺おうとする。君主が欲深いと臣下にわかると、臣下は君主を利益で操ろうとする。だからこう言うのだ、『君主が己の見識をふりまわすのはだめだ。君主はただ無為であってこそ、臣下を統率することができる』」と。

この話は次のようにも伝わっている。

申不害はこう言った、「君主はことばを慎め。そうすれば臣下はうまく調子を合わせようとしてくる。君主は行動も慎め。そうすれば臣下は君主に従ってくる。君主が見識を示すと臣下は何とか実情をかくそうとする。君主が無為（見識があってもそれを示さない）であると、臣下は君主の心を推し量ろうとする。君主が見識を示すと、臣下はその能力を隠して発揮せず、君主が無為であると、臣下は〔君主の心を推し量って〕自分の能力を十分に発揮しようとする。だからこう言うのだ、『君主はただ無為であってこそ、臣下を統率することができる』」と。（外儲説右上篇）

八二　王のお気に入りを見抜く

薛公が斉国の宰相であった時、君主の威王の正室が亡くなった。そのとき、宮中には十人の側室がいたが、どれもみな王に可愛がられていた。

薛公は、王がどの側室を新たな正室に立てようと思っているかを察知し、その側室を正室にするよう自分から進言しようと考えた。

もしこの進言が聞き入れられれば、新しい正室を擁立したことで王から重んじられる。だが、もし聞き入れられなければ、擁立失敗で王に軽んじられることになる。そのため、何としてもまず王が正室に立てようと思っているのがだれなのかを知った上で、その側室を正室に推薦しなければならない。

そこで薛公は、玉の耳飾りを十組作り、その中の一つを特に美しいものにしてお

書名　**韓非子**

このたびは産経新聞出版の出版物をお買い求めいただき、ありがとうございました。今後の参考にするために以下の質問にお答えいただければ幸いです。抽選で図書券をさしあげます。

●本書を何でお知りになりましたか？

□紹介記事や書評を読んで・・・新聞・雑誌・インターネット・テレビ

媒体名(　　　　　　　　　　　　　　　　　　　)

□宣伝を見て・・・新聞・雑誌・弊社出版案内・その他(　　　　　　)

媒体名(　　　　　　　　　　　　　　　　　　　)

□知人からのすすめで　□店頭で見て

□インターネットなどの書籍検索を通じて

●お買い求めの動機をおきかせください

□著者のファンだから　□作品のジャンルに興味がある

□装丁がよかった　　　□タイトルがよかった

その他(　　　　　　　　　　　　　　　　　　　　　　　)

●購入書店名

●ご意見・ご感想がありましたらお聞かせください

(ご回答いただいたご意見・ご感想は広告等で使用させていただく場合があります。)

郵便はがき

100-8077

63円切手を
お貼りください

東京都千代田区大手町1-7-2

産経新聞出版　行

フリガナ お名前	
性別　男・女	年齢　10代　20代　30代　40代　50代　60代　70代　80代以上
ご住所　〒 （TEL.　　　　　　）	
ご職業　1.会社員・公務員・団体職員　2.会社役員　3.アルバイト・パート 4.農工商自営業　5.自由業　6.主婦　7.学生　8.無職 9.その他（　　　　　）	
・定期購読新聞 ・よく読む雑誌	
読みたい本の著者やテーマがありましたら、お書きください	

いて王に献上した。王はさっそくそれを十人の側室に分け与えた。次の日、薛公は座ったまま、どの側室が特に美しい耳飾りをしているか見極め、その側室を王に推薦し、正室に立てることに成功した。（外儲説右上篇）

八三　君主の憂うべきもの

宋国の人で、酒を売る者がいた。その店は量をごまかすことがなく、客のあしらいも丁寧、もちろん酒も上等で、酒屋の幟（店を示す旗じるし）も高々と掲げてあった。ところがどうしたことか酒が売れず、酒が〔古くなり〕酸っぱくなる始末。その酒屋は理由がわからないので、知り合いの村長の楊倩に相談に行った。

楊倩はこう言った、「それはおまえの家の犬が猛犬だからじゃ」。

酒屋「猛犬だったら、どうして酒が売れないのですか」。

楊倩「客がその犬を恐れるからじゃ。客が子供にお金と壺とを持たせて酒を買いにやらせようにも、酒屋の犬がその子を嚙むようでは〔子供を〕使いに出せん。だから酒は売れず酸っぱくなるのじゃよ」と。

こうした猛犬というのは国家にもいるものだ。国を治める道を心得た人が、胸に秘めたその術を大国の君主に説こうとしても、あの酒屋の猛犬のように大臣がその人を待ちかまえ、噛みついてしまう。これこそ君主がその目を塞がれて脅かされる原因、また道を心得た人が採用されない原因なのである。

だから斉国の桓公が名宰相管仲にこう尋ねたことがある。「国を治める際に最も気をつけるべきものは何じゃ」。

管仲「それはお社に巣くう鼠でございます」。

桓公「なぜ社鼠を心配するのじゃ」。

管仲「殿はあの社を作るところをごらんになったことがございますか。社というものは、木を立て、それに泥を塗って作ります。ところが鼠が隙間を破り、穴を掘ってその中に住みつきますと、燻し出そうにも木を焼かぬかと心配ですし、水攻めにしようにも塗った泥が崩れぬか心配。結局そのために社に巣くう鼠は捕まえられません。

ところで今、君主の左右に侍る輩は、宮廷の外ではその権勢をふるって民から利益を貪り、宮廷の中では徒党を組んで悪事が君主にばれぬよう手を回します。また、宮廷の中で君主の実態をさぐり、それを外部にもらします。そして宮廷の内外に権勢を築き、手下どもを使って富を得るのです。

もちろんこうした輩を罰しなければ法律が乱されてしまうのですが、罰してしまえば、かえって君主の地位を危うくしてしまいます。そのため連中はそのままにせざるを得ません。まさにこれこそ国家に巣くう社鼠と言えましょう」。

いったい君主ではなく臣下が権力を握り、好きなように法律を定め、味方する者に利益を与え、そうでなければ迫害するということを堂々としてのけたりするのは、あの猛犬と同じことである。

大臣が猛犬となって道を心得た人に噛みつき、一方では君主の左右に侍る輩が社鼠（神殿に巣食う鼠）となって君主の気持を盗み見する。君主がそれに気づかないのであれば、君主はまわりからすっかり塞がれてしまう。また、その国家も亡びずにはおられない。

この話はこうも伝わっている。

宋国の酒屋に荘氏という者がいた。その店の酒はいつも上等の酒だった。そこである人が、下男を使いに出して荘氏の酒を買ってこさせようとした。

ところが荘氏の店には猛犬がいてよく人を噛む。下男は荘氏の店に行くのをやめ、別の店で酒を買って帰った。

主人が尋ねた、「なぜ荘氏の店の酒を買わなかったのだ」。下男「今日の荘氏の店の酒が、酸っぱかったからでございます」。だからこう言うのである、「店の猛犬を殺さないと、店の酒が酸っぱくなる」と。

またこうも伝わっている。

桓公が管仲に尋ねた、「国を治める時、何に気をつかうのか」。管仲はこう答えた、「社鼠に一番苦しむものでございます。あの社というものは、木材を用いてそれに泥を塗るのでございますが、そこに鼠が巣くうのです。すると燻し出そうにも木が焼けますし、水攻めにしようにも泥が崩れます。ですからこの社鼠には苦しむのです。

さて、今君主のお側に控える者どもは、宮廷を出ると権勢をふるって利益を民から巻き上げ、宮廷の中では徒党を組んで君主を侮り、悪事を隠して君主をだまします。罰しなければ法を乱されてしまうのですが、罰してしまうとかえって君主の地位を危うくします。ですからそのままにしておかざるを得ません。これこそまさにあの社鼠そっくりです」と。

いったい臣下でありながら、権力を握って勝手に法を定め、味方になれば利益を与え、そうしなければ迫害するということを堂々とするような輩は、まさに猛犬である。

側近が社鼠となり、政治を担当する臣下が猛犬になるようでは、国を治めるための術は行われようがない。（外儲説右上篇）

八四　自分のものは自分で

魯国の宰相である公儀休は、たいそうな魚好き。そこでそれを知った国中の者たちが、争って魚を買い求め、彼に献上してきた。

ところが彼は受け取ろうとしない。それを見て弟がこう諫めた、「兄上は魚がお好きでありながら、どうしてお受け取りにならないのですか」。

公儀休は答えた、「私はただ魚が好きなだけ。だからこそ受け取らないのだ。もしあの献上されてくる魚を受け取ってしまえば、必ず人に対してへりくだる態度が出てくる。

人にへりくだる態度が出てくれば、やがて私は法を曲げようとするだろう。法を曲げてしまえば、私はきっと宰相を罷免される。

いくら私が魚好きでも、失脚した私にはだれも魚を献上しなくなる。私もまた自分で魚を買い求めることができなくなるに違いない。

しかし、もし献上されてくる魚を受け取らず、したがって宰相を罷免されることがなければ、どんなに魚好きであっても、安心してずっと自分の力で魚を得ることができるのだ」。

この話は、他人を頼みにするよりも、自分自身を頼みにするほうがよいということを教えてくれる。

また、他人が自分にしてくれることよりも、自分自身が自分のためにすることのほうがいいということを教えてくれる。（外儲説右下篇）

八五　残酷な国譲り

殷王朝を建てた湯王は、夏王朝の暴君桀王を討ち、天下を手に入れた。しかし彼は、天下の人々が自分のことを貪欲な男と見なすのを恐れ、天下を務光に譲ると言いだしたのである。

しかし実のところは、務光が本当に天下を受けることを恐れてもいた。そこで湯王は、使者を出して務光にこう吹きこんだ。

「湯王は自分で君主を殺しておきながら、その悪名をあなたに押しつけようとしております。だからこそ天下をあなたに譲ろうと言うのですよ」。

そこで務光は、黄河に身を投げてしまった。（説林上篇）

八六　警備兵の責任逃れ

伍子胥が楚国から亡命しようとしたところ、国境警備兵に捕まってしまった。

そこで子胥はこう言った、「お上が私をさがしているのは、実は私が美しい玉を持っていたからだ。しかし私はもうその玉をなくしてしまった。だから例の玉はおまえが取りあげて飲みこんだと申しあげることにしよう」と。

するとその兵士は彼を釈放してしまった。（説林上篇）

八七　主従二人の亡命者

鴟夷子皮は、田成子の家来であったが、主君の田成子が斉国から亡命し、燕国に向かうことになったので、通行手形の割符を背負ってお供した。

国境の町までたどりついた時、子皮はこう言った。

「殿はあの涸れ沢に住む蛇の話をご存じでしょうか。

沢の水が涸れたので、蛇どもがねぐらを移そうとしましたところ、小さな蛇が大きな蛇にこう申しました、『あなたが先に行き、その後を私がついて行くのでは、人々はただ蛇がどこかへ行こうとしていると思うだけで、きっとあなたを殺してしまうでしょう。ですからここはひとつ、私とあなたとが銜（くわ）えあい、あなたが私を背負って行くのが得策です。人々は私たちを神様だと思うことでしょう』と。

そこで二匹の蛇は銜えあい、大きな蛇が小さな蛇を背負って堂々と人々の通る道を進みました。すると案（あん）の定（じょう）、人々は二匹の蛇を避（さ）け、『神様じゃ』と言ったとのこと。

さて今、二人の姿を見ますに、殿のほうがごりっぱで、私のほうが貧相（ひんそう）でございます。ですから殿が私の上客であるということにすれば、私も千乗（せんじょう）の国の君主ぐらいに見えましょう。しかしさらに、殿が私の従者ということになりますと、私は万乗（ばんじょう）の国の大臣にまで見えることでしょう。ここはひとつ、殿は私の召（め）し使（つか）いということにいたしましょう」と。

そこで今度は田成子が割符を背負い、子皮の後に従った。二人が宿屋に着くと、宿屋の主人は厚くこれをもてなし、酒や肉を献上してきた。（説林上篇）

＊割符――木片や竹片などに文を記し、中央に印を押し、その印の個所で二つに割ったもので、それぞれが持つ。後日、合わせてぴったりと合うと正しいものという証拠づけとなる。

八八　巧詐は拙誠に如かず

楽羊は魏国の将軍となって中山国を攻撃した。その時、楽羊の子供は中山国にいた。そこで中山国の君主はその子を捕えて煮、スープにして楽羊に送りつけた。するると楽羊は、陣中に座ったままそれを食べ、まるまる一杯をたいらげた。その話を聞いた魏国の文侯は、堵師賛にこう言った、「楽羊はわしのため、自分の子の肉を食らうことまでしてくれよったわ」と。

堵師賛はこう答えた、「自分の子まで食らうようであれば、あの男、誰であろうと食らわぬことがございますまい」と。

やがて楽羊が中山国から帰還すると、文侯はその武功を称えながらも、その心を疑わずにはいられなかった。

孟孫はある時、狩をして子鹿を捕えた。そこで秦西巴に命じ、その子鹿を連れ帰らせた。

ところが、子鹿を連れて帰る秦西巴の後を、母鹿がついてきて泣いた。どうにもかわいそうになった秦西巴は、子鹿を母鹿に返してやった。

そこへ孟孫がもどってきて、子鹿を出すよう命じた。

秦西巴は「どうにもかわいそうになったので、母鹿のもとへ返してやりました」と答えた。孟孫はたいそう怒り、秦西巴を放逐した。

三ヵ月ほどたってから、孟孫は再び秦西巴を召し出し、子供の養育係に任命した。するとと側近の者が尋ねた、「先ごろその罪をとがめようとなさった者を、今またなぜお召しになり、お子様のお守りといった大役におつけになるのですか」と。

孟孫は答えた、「あの者は子鹿にまで情をかけ、こらえられなくなった男じゃ。どうしてわしの子供につらくあたることがあろうか」と。

だからこう言われている、「上手なウソより下手でもまこと」。楽羊は武功があるがゆえに、かえって疑われ、秦西巴は罪を得たがゆえに、かえって厚く信用されたのである。（説林上篇）

八九　紂王の象牙の箸

殷王朝の紂王がみごとな象牙の箸をつくったところ、箕子がたいそう心配した。彼はこう考えたのである。

「象牙の箸を使うなら、素焼きの土器にスープを入れるわけにいかない。必ず犀の角やら玉やらで作った食器がいる。象牙の箸に犀の角や玉の食器を使うなら、豆やら豆の葉などを盛りつけるわけにもいかない。必ず旄牛（長い毛のある牛）や象、豹の胎児といった珍味の材料がいる。そうした珍味を食べるなら、ボロを着てあばら屋に住むわけにいかない。必ず錦の衣を重ね着し、高台や広い部屋のあるお屋敷に住まねばならない。このようにしてふさわしい物を次々と求めていけば、天下中のものでも足りなくなってしまう」と。

聖人は、かすかな兆しを見るだけで、ことの全体をすっかり知り、わずかにはじまりを見るだけで結果をすみずみまで知りつくすものだ。

だから箕子が紂王の象牙の箸を見ただけで心配したというのも、天下中のものでも足りなくなることを知ったからなのである。（説林上篇）

九〇　召し使いの女・出戻り女

楊朱は宋国の東を通ったとき、宿屋に泊まった。そこには召し使いの女が二人いたが、同じ召し使いでも醜いほうが格が上、美しいほうが格が下だった。不思議に思った楊朱がわけを尋ねると、宿屋の主人がこう答えた、「美しい女は、自分でも自分のことを美しいと思うておるもの。わしにはそんな女、美しいとは思えなんだ。一方醜い女は、自分でも自分は醜いと思うておる。わしにはこんな女を醜いとは思えなんだ」と。

これを聞いた楊朱は弟子に言った、「行いがりっぱであり、しかも決して自分のことをりっぱだと思わぬような人は、どこへ行っても必ずその真価が認められようぞ」と。

衛国の人が娘を嫁に出すとき、こう諭した、「向こうの家では、必ずこっそり物をためこむのじゃぞ。嫁に行った者が嫁ぎ先から追い出されるのはしょっちゅうのこと。嫁ぎ先に居続けられれば、それは運がよかったというもんじゃ」。

こうして娘は、嫁ぎ先でいろいろとこっそりためこんだ。

すると姑が、自分勝手な嫁じゃと言って娘を追い出したが、娘が嫁ぎ先から実家に持ち帰った財産は、嫁入り道具の倍もあった。娘の父は、自分が娘に誤(あやま)ったことを教えたと悪く思いもせず、かえって財産が増(ふ)えたことを自分の智恵からだと自慢する始末。近ごろの官僚連中も、みなこれと同じ穴のムジナ（貉(むじな)。たぬきの類）だ。

（説林上篇）

『韓非子』とは何か

加地伸行

一　悪の論理

われわれは凡人である。あくせくとこの世に生きている平凡な人間である。しかし、ふと顧みて、いったい自分はなんのために生きているのかと、自分に問うことがある。けれども、なにしろおたがい貧弱な頭脳であるから、とても正しく答えることなどできるものでない。

そういうとき、われわれはその答えを古典に求めるのが賢明である。古典に邪念はない。長い間、人々に読み継がれ生き残ってきた人類の財産である。生きている人間に相談に行くよりも、はるかに的確な解答を与えてくれる。

その古典の一つに、『韓非子』という書物がある。

もちろん、古典にはいろいろなものがある。中国に限っても、『論語』・『老子』をはじめ、選ぶにこと欠かない。そうした古典の中で、この『韓非子』は、独得の色彩を帯びている。すなわち、全編〈迷い〉がないのである。その論調は強く、したたかである。読むうちに、なんだか自分まで強くなってゆくような気分になる。まるで弱気という雰囲気がない。

古典中の古典、『論語』や『老子』には、ふと弱々しい愚痴めいたことばが残っている。けれども、『韓非子』は、突撃ラッパが高々と鳴り響くように、〈迷い〉なく前進、前進、前進を教える書物なのである。

それはいったいなぜなのであろうか。

その最大理由は、『韓非子』がしっかりと或る確信、或る人間観、或る真実を持っていて、そこからすべてを冷徹に見通すという体系的態度であるからである。その確信、人間観、真実は、全編、どこを読んでも微動だにしない。そのゆるぎない自信と強烈さとには圧倒される。

では、その〈或る確信、或る人間観、或る真実〉とは、何であるのか。

答えはただ一つ。それは、「人間は利己的である」という永遠の真理である。

人間は利己的であり、その利己を基にしてあらゆる行動を行っている、と『韓非子』は説き続けてやまない。と言えば、あまりにも明快すぎて身も蓋もない感じになるが、さすが思想家である、主張はそこにとどまらない。そういう人間の真実の姿をまず認めないで、何が思想だ、何が政治だ、と抗議しているのである。人間とは何か、そういう洞察をぬきにして、チャラチャラした空虚な〈教科書的〉議論をすべきでないという壮絶な反逆を起こしているのである。

私は『韓非子』を読んでいて、思い当たる人物は、現代日本の思想家、福田恆存(ふくだつねあり)氏（故人）である。福田恆存氏の人間把握の冷徹さ、そして〈人間の真実の姿を真正面から見ようとしない不道徳〉に対する徹底批判は、『韓非子』の態度、ありかた、生きかたと共通するものがある。

もっとも、誤解のないようにあえて言っておくが、福田恆存氏が『韓非子』と同じく法家(ほうか)者流の人間であるという意味ではない。その〈人間洞察の態度〉において共通するものがあると言っているのである。また人間の利己性を前面にすえるといった面で、両者は奇しくも一致するが、それは偶然にすぎない。

〈人間は利己的である〉ということ、これは一般的真実である。それは〈人間は死ぬ〉という真実に匹敵(ひってき)するほど確かな真実である。

人間の根源について、キリスト教は原罪を言い、仏教は業障(ごうしょう)や執着や我欲という悪を言う。それらのことばの中には、すでに確実に人間の利己という意味が含まれている。およそ、人間を見通してこの世の真実を述(の)べた思想において、利己の問題を抜きにしたものはない。

『韓非子』は、この利己を生みだす人間の生まれついての性(さが)を悪としている。ただし、これはキリスト教の言う原罪とは異なる。キリスト教は、人間は罪を負っているものの、人間の性を救いがたい悪とはしない。神を真に信ずれば罪が許され救われるとする。しかし『韓非子』は、人間の性を悪とするものの、罪とはしないのである。その是非は別として、冷徹に人間の性は悪であるという事実をまず大前提に置く。

『韓非子』にとって、問題はそのつぎである。この性悪に基づく利己に対して、どのように対処すべきか、その方法を論じる。その方法は、徹底的に冷徹である。『聖書』ならば、人間の罪の救済を説く。しかし『韓非子』は宗教書ではない。人間の悪を事実として認め、もっぱらその悪に自分が襲われないため、悪に対抗するしかた、悪への対処のしかたを説く。

その対処のしかたは独特である。もし『論語』ならば、悪に対しては道徳的に感化するという教育を説くであろうし、もし『老子』ならば、利己の愚かさ、利己の卑弱さ、そして利己を絶つことを教えるであろう。

しかし『韓非子』は悪に対して面と向かう。悪を事実として認め、その悪を逆手にとって法で組み伏せようとする。戦闘的である。さらには悪の上手を行き、こちらも権謀術数（術策）を弄せよという。権謀術数——これ自身、悪ではないか。つまり、

『韓非子』は悪に対して悪をもって立ち向かおうとするのである。悪には法を、あるいは悪（術）を――それは、悪の論理とでも言うべきであろう。

この悪の論理は、いったいどういう時代、どういう社会を背景として登場してきたのであろうか。

二　韓非子の時代

『韓非子』という書物は、韓非という人物によって書かれたとされている。しかし、すべてが彼一人によって書かれたわけではない。その弟子たちや、さらに後の人たち、ひっくるめていえば、韓非学派とでも呼ぶべき人々の手が加わっている。

だから、研究者は、どの部分が韓非自身のものなのか、あるいは韓非学派のものなのかと、その区別を専門的に論じ研究する。それはなかなか興味深い問題を孕んでいるのだが、古典として『韓非子』を読もうとする場合、その区別はさして重要でない。

ここでは、『韓非子』を全体として対象にすることにしているので、以下では書名としての『韓非子』も、韓非その人も、韓非学派も、ひっくるめて「韓非子」と記してゆくことにする。念のためにいえば、韓非子の「子」とは、男子の敬称の意味であるから、「韓非子」とは、本来、「韓非先生」といった感じである。しかし、「韓非子」ということばは、もう普通名詞化しているから、いまでは「韓非子」も「韓非」もほとんど同じことである。

さて韓非子その人の伝記であるが、これは、後掲（本書二〇三頁以下）の「韓非伝」の章に譲る。ただきわめて大づかみにいえば、西暦前三世紀、中国の周王朝時代の末期（特に戦国時代ともいわれる時期）に生きた実在の人物である。

この韓非子は、吃音者であったという。その程度がどんなものであったか、それは分からない。しかし、吃音のため話が下手であっただろうにもかかわらず、韓非子の文章はなんと雄弁でしかも迫力に満ちていることか。もちろん、文体は重厚である。師匠であった荀子（性善説を唱えた孟子とは対照的に性悪説を唱えた思想家）の文章は、重厚な上にさらに晦渋である。しかし韓非子の文章は、重厚ではあっても晦渋ではない。荀子よりも分かりやすい。

私は、韓非子の文章というとき、いつも亡くなった作家の高橋和巳氏（中国文学の研究者でもあった）を想い出す。高橋氏は吃音者ではなかったが、口の重い人であった。その口の重い彼が、いつのまにか多くの文章を書いていった。その文体は重厚ではあるが、晦渋ではない。ゆっくり味わえば、分かる。
勝手な推測だが、吃音者や口の重い人は、かえって多量の文章を書くことによってその補いをしているのではなかろうか。その口調は依然として重いままながら。

さて、韓非子は悲劇的な人生を送っている。荀子に学んだあと、当時、最強国であった秦国へ行く。韓非子自身は、黄河中流の洛陽よりも南側や西側あたりを領有していた韓国の出身である。この韓国はその西北隣にあった秦国から圧力を受けて苦しんでいた。韓非子ははじめ祖国を強国にして秦国に対抗しようとしたらしいが、祖国では認められなかった。そこで逆に秦国へ行って自分を生かそうとしたらしい。そしてその力量のすごさから、たちまち重用されて大臣格の扱いを受けた。

ところが、この秦国に李斯という重臣がいた。李斯は韓非子と同じく荀子の弟子である。兄弟弟子というわけであったが、李斯は韓非子が重用されたことを嫉妬してか、謀略で韓非子を罪におとしいれる。そして毒薬を送って韓非子を自殺させた。

このときの秦国の君主が、後に周王朝を倒し、秦王朝を建て、皇帝となった始皇帝である。彼は、韓非子を獄に下したものの、韓非子が無実ではなかったかと思い返し、許しの命令を出しはしたのだが、すでに韓非子は死んでいた。

始皇帝といえば、万里の長城の建設とか、焚書坑（阬）儒（始皇帝に対して批判的意見の書物を焼いたり、反対意見を出していた儒者を生き埋めにしたといわれる事件）という話で有名な人物である。

この始皇帝が建てた秦王朝と、前代の周王朝とは、ふつう対照的な体制とされている。大づかみにいえば、周王朝体制とは、諸侯の連合体の上に、比較的に力量の大きかった周国が王となり、諸侯を率いていた。だからはじめから周王朝の力はあまり大きくなかった。また諸侯の国内政治は、諸侯それぞれに任せていたから、いわば諸侯は事実上独立国であった。これを「封建」制といっていたが、やがて諸侯は自国のために動き、周王の権威はなくなってゆく。その結果、周王朝の末期（西暦前四〇三年～二二一年）は、独立した諸国がたがいに抗争をくりかえしており、周王はもはや小さな一地域の領有者にすぎなくなり、諸侯はだれも敬意を表さなくなってしまっていた。この時期を特に「戦国時代」という。

この戦国時代、最強国にのしあがったのが秦国である。近隣諸国を呑みこみ、周王を跪かせ、ついに秦王朝を建てる。しかし、その王朝は周王朝と異なり、強力な中央集権国家であった。前代の「封建」制を廃止して、全国を郡・県というブロックに再編成し、その長官は中央政府の任命とした。いわゆる「郡県」制である。封建制から郡県制へ、それを大づかみに比喩的にいいかえれば、地方独立自治制から中央管理集権制へという変革である。

この変革は、中国政治史上、第一に大きいものである。というのは、以後、一九一一年まで、この政治方式で中国史が歩むこととなったからである。一九一一年とは、そうした中央集権的皇帝制を倒して翌年に共和制の中華民国が登場した年である。辛亥革命といわれ、中国政治史上、第二の大変革にあたる。

一九一一年の辛亥革命から昭和時代の終りまで、すなわち一九八八年まで、まだ八十年も経ていない。しかし、始皇帝の秦王朝建設（西暦前二二一年）から辛亥革命まで二千年以上も年月が流れている。その意味では、秦の始皇帝が行った諸政策は、研究に価する。そしてその政策や根本理念を提供した人物が、韓非子や李斯たちであった。彼らは法家と呼ばれる人々である。

三　法家の登場

法家とは何か。中国思想史の通俗的教科書は、よくつぎのように書いている。

儒家は徳治政治を、法家は法治政治をそれぞれ主張した。徳治とは道徳による政治であり、法治とは法律による政治である。道徳による政治のほうが、法律による政治よりも勝れているのだが、秦の始皇帝は法治政治を行い、道徳政治を唱えた儒者を弾圧（たとえば前述の焚書坑儒のように）した。そういう苛酷な悪政を行ったので、秦王朝はわずか二十年ほどで滅亡し、漢王朝が登場した。この漢王朝は儒教を重んじたので成功した。以後、王朝は何度も交替してゆくものの、儒教による政治が中国の政治の本流となった、と。

だいたい右のような筋である。しかし、この話、よく分からない説明である。たとえば、徳治とは具体的にはいったいどういうことなのだろうか。また、その道徳とはいったいどういう意味なのであろうか。さらにまた、それでは儒家は法律をまったく無視したというのであろうか。といったふうに、次々と疑問が湧いてくる。

だいたい中国史では、秦の始皇帝を大悪人とする。というのは、こういうわけである。秦王朝を倒したのは漢王朝である。この漢王朝にしてみれば、自分らが政権を奪いとったことは正しいという理由付けをする必要があった。しかし、奪いとったのであるから正当化できるわけがない。そこで、秦王朝が悪いといえば、相対的に漢王朝が善いということになることに目をつけ、徹底的に秦王朝を批判した。とりわけ始皇帝を極悪非道の人間にしたてあげた。具合のいいことに焚書坑儒という事件があったから、儒家側は始皇帝に対しそれこそ罵詈雑言の限りをつくしたのである。この評価が今日にまで尾を引いている。ときには、始皇帝の焚書と、ヒットラーの焚書とが二重写しにされることさえある。

さて、道徳政治とは何か。またそこでいう道徳とは何か。

道徳には二種類がある、とする考え方がふつうである。一つは、普遍的なものである。たとえば、人を殺さないとか、人を裏切らないとかといったもので、古今東西を通じて、人々が納得するものである。いま一つは、その時代その社会に適合した慣習である。たとえば、奴隷制の時代では、主人に絶対的に服従するとか、社会主義国家では、私利追求を禁ずるとかといったものである。

この二種類において、前者は不変であるが、後者は時代や社会の変化に応じて変化する。だから、道徳というとき、それがいったいどういう種類を指しているのか、まず確かめなくてはならない。

たとえば現在では、夫が妻以外の女性に子どもを産ませることは不道徳である。のみならず、法的にも誤った行為とされる。しかし前近代の東北アジアにおいては、男系を優先するから、男子を産めなかった妻以外の女性に男子を産ませることは、儒教的には、不道徳どころか、むしろ道徳的だったのである。

さて、始皇帝が登場してきたころを見てみると、社会に大きな変動があった。それは、周王朝時代、各個に存在していた諸侯の国がしだいに統合され、戦国時代にそれが極致に達し、ついに秦王朝が成立することとなる。つまり、諸侯が領有していた諸国家が一つの大国家、大帝国になっていったのである。

これは大変革である。まず多くの人々の交流がある。交通が発達する。物資の交換が量的に増える。となると、制度、習慣、文化といった個別性の強いものまでが、共通するものを求めるようになってくる。通貨、道路幅、文字、度量衡といったものは、ばらばらでは不自由である。当然、共通するものを求めてくるようになる。

これに反し、周王朝時代の諸侯の国ではどうであったか。それぞれが独立的であるから、当然、習俗・慣習は異なっていた。しかも、諸侯の国それぞれは各種各様の規模であった。大国もあれば小国もあった。いや、ミニ国家もあったのである。それらは、共同体であり、近代国家のように、個人を基礎にして社会を作り、その組織で組み立てられた国家とは様相を異にしている。

共同体としての国家――そういう国家では、領民は領主の姿を直接見ることができるし、同じ国内の話は口から口へと、すぐみなに伝わる。

こうした共同体の基礎は農業である。農業は、よほどのことがないかぎりワンパターンの生活である。天候は気になるが、それ以外は、四時の移り変わりに応じながら定まった農作業を進めればそれですむ。技術革新などほとんどなかったし、仮にあったとしても、かつてのそれは革新ではなくてゆるやかな改良程度のものである。となると、いわゆる年中行事があり、その行事は繰り返し行われるので、見習うべきは先輩の知恵や知識である。こういうことから、年中行事の諸儀式や知識に熟達した長老が重んじられる。いわゆる長幼の序という慣習がしぜんと成り立つ。

このような儀礼に熟達した年長者への尊敬が、一つの指導者像を生み出す。すなわち共同体道徳の体現者、熟達者への敬意である。儒教はそれを取りこんでいる。儒教における聖人すなわち理想としての人間とは、だいたいにおいて、共同体儀礼の熟達者、共同体道徳の最高体現者のことである。

儒教が「道徳による政治」とか「徳治」とかというのは、こうした聖人を指導者として、その聖人の言動を模倣することであった。

しかし、戦国期から中央集権的な秦帝国の成立にかけて共同体が揺らいでゆく。家族のようなミニ共同体や、郷里のような小共同体はそのままではあっても、すべて一つの帝国へと向かっていったのであるから、諸侯の国家のような大共同体は叩きつぶされ、一定地域のような中共同体も自治独立が困難になっていったのである。

そこで、大・中の共同体を新たに統括するものとして、儒教的共同体道徳に代わる新しい観念が求められるようになる。

そのためにいろいろな考えが登場したが、最も的確にそれに応じた観念が〈法〉重視だったのであり、それを推し進めたのが法家だったのである。それはどういうものであったか。

四　法治と徳治と

徳治とは、文字どおりにいえば、道徳による政治ということになる。しかし、前述のように、それは主として共同体の道徳（習俗・慣習）に従うという意味である。

しかし、世にはいろいろな人間がいる。こうした習俗・慣習に従わない者が必ずいる。とすれば、当然、罰を加えることになる。つまり、道徳が上にあり、それに従わない者に対して法的懲罰を加えるわけである。徳治にも法治が必要なのである。ただし、徳治は法治の上とする考えかたであった。

この点が重要である。中国思想史の通俗的教科書では、徳治と法治とは対立するものというような図式をもって論述しているが、それは大きな誤りである。いや、専門的研究者のなかにもそういった誤解を犯すものがいる。

法とは、共通の処罰規則である。これがなくては組織の秩序は保てない。徳治を説く儒家も法治を重んずるのである。たとえば、『論語』里仁篇につぎのようなことばがある。

子曰、君子懐徳、小人懐土。君子懐刑、小人懐恵。

（子曰く、君子は徳を懐い、小人は土〔安楽な生活〕を懐う。君子は刑を懐い、小人は恵を懐う）

右の文中の「刑」は、礼法や法則と解釈するのが通解であるが、しかし、文字どおり「刑罰」そして法律と解釈することも可能である。

＊刑――六世紀の重要な『論語』注釈家、皇侃は「人君がもし道徳で人民を導くことを行えば、人民は安心してその住まい（土）にそのまま居つく。もし人君が法（原文のママ）をもって行政に当たれば、人民はそのつらさに堪えられず、恩恵を受けたいと思う」と解釈している。この解釈は、徳治と法治とを対立するものとしたものである。それはともかく、「刑」を「法・法則」（ともに原文のママ）と解している。

しかし、法家も道徳を必ずしも無視しているわけではない。とすると、いったいどこがどう違うのであるのか。

繰り返しいえば、共同体の秩序の場合、道徳（特に習俗・慣習）が最高規範である。しかし、違反者には法的処罰を与える。もし処罰を加えないで、まるまる徳治をするというのであれば、犯罪者を教育し、道徳を徹底的に理解させるしかないが、儒家はそのような教条主義者ではない。孔子は「訟（訴訟）を聴く（そして判決を与える）こと、吾なお人（他の官僚）のごとくなり」と述べる（『論語』顔淵篇）。しかし、理想としては、徳治によって道徳教育を徹底し、そういう訴訟ごとのないような行政にしたい（「必ずや訟なからしめん」）と孔子はいうのである。

では、どういう判決を行うのか。

共同体組織の場合、犯罪に対する処断は、だいたいにおいて慣習法による。慣習法は文章化されていないが、もとよりりっぱに法である。盗み、放火、殺人、といった重要な三犯罪は大昔から存在しており、その処罰の量刑は、みながだいたい呑みこんでいる。

ただ、共同体の場合、その量刑に情状が考慮される。だから、ときには盗みを行った者を死刑にすることもあり、また逆に、ときには殺人者に軽い刑を与えることもある。それは、各共同体の個別的事情に拠る。

しかし、犯罪に対して加える罰をあらかじめ文章化すること、つまり罪刑法定主義に基づくとすれば、量刑の限度がはっきりとしていてみながそれを知ることになる。たとえば、日本の現在の刑法では、窃盗に対する罰は「十年以下の懲役」となっているから、日本における窃盗者は、最高十年の懲役を科せられることはあっても、絶対に死刑にはならないのである。ある意味では、殺されはしないと安心して窃盗ができるという皮肉な話となる。

孔子はそこを突いた。罪刑法定主義であるならば、その法網にひっかかりさえしなければいいというわけで、かえってどんな悪事でも起こしかねない、と。「これ（人民）を道（導）くに政（法制）をもってし、〔また〕これを道くに刑（刑罰）をもってすれば、民〔はその法網を〕免れて〔行動し、その範囲内でどんなことをしても〕恥ずることとなし」（『論語』為政篇）。

ところが、法家は罪刑法定主義つまり成文法を基礎としたのである。

歴史的にいえば、周王朝の前代の殷王朝ならびにその前代の夏王朝にそれぞれすでに成文法（夏の禹刑、殷の湯刑、周の九刑）があったとされる（『左伝』昭公六年）。しかし、成文法として公布したのは、西暦前五三六年、鄭国の宰相であった子産が刑法を鼎に彫りつけたこととされる（『左伝』の同個所）。さらにその後、晋国においても刑鼎（成文法）が登場した（『左伝』昭公二十九年）。それを孔子は厳しく批判し晋国は滅びるだろうといったと伝えている。

つまり法家は、厳しい自己規制の必要な道徳を第一とするのではなくて、成文法を示し、守るべきものとしてはっきりとさせたのである。図示すればこうである。

儒家→道徳第一（共同体的）→慣習法重視→徳治
法家→法律第一（中央集権的）→成文法重視→法治

これが法治や徳治といわれるものの真相である。法律が道徳とともに古くから併存してきていたことはいうまでもない。中国では、ただその地位が道徳よりも低かったのであるが、大国家を形成してゆく過程で、急速にその地位が上がり、ついには道徳の上位にまでのしあがってきたのが、秦の始皇帝の時代であり、それを推進したのが法家であった。

周知のように、近・現代国家は、成文法（罪刑法定主義）に基づく法治国家である。それは共同体の崩壊度に比例する。いわゆる近・現代国家化とは、共同体をできるかぎりつぶして、個人単位にし、その個人の上に国家を載せようとするものである。

現在、中国大陸においては、依然として罪刑法定主義が定着していない。つまり成文法による近代的法治国家となっていないのは、共同体的感覚や慣習が相当程度の規模で依然として生きていることを意味する。制度とは別に、少なくとも意識や感覚において家族（一族）主義は生きている。そのため、一罰百戒的に、窃盗でも、ときには見せしめとして死刑にしたりしている。形式的には社会主義国家といっているけれども、実質は依然として儒教的共同体の集合であって、およそ近代的法治国家とは縁が遠いのが実情である。

かつて孔子は、父が盗みを働いたとき、子はそれを隠すべきだ、逆に子が盗んだとき、父はそれを隠すのが正しいといった（『論語』子路篇）。共同体の倫理では、父が盗みをしたとき、子がそれを司法に告げるなどということは、とんでもないことであった。

五　法源と君主と

法家は成文法（罪刑法定主義）派である。近・現代国家も罪刑法定主義による法治を行う。それでは両者は同じものなのだろうか。

いや、まったく異なるのである。

近・現代国家の場合、その法は、民主主義すなわち主権在民という考えに基づき、個人の人権を守るということを目的としている。しかし、中国の古代国家の場合、法は統治の道具である。主権者は民でなくて皇帝であるから、法は皇帝のためのものとして存在している。だから成文法として領民に公表しても、必ずしもそのとおりに行われるわけではない。その法はあくまでも皇帝の意志によって左右されるからである。

ただし、共同体社会における情状酌量とは意味が違う。共同体社会の場合、慣習法がすでに存在し、その範囲での酌量である。しかし、皇帝の場合は、法（成文法）

そのものを自己の意志で左右できる。つまり、法の成り立つ根拠——法源が皇帝にあるからである。

近・現代国家における成文法の改変は、たとえば国会などを通じて、一定の手続きが必要である。しかし、皇帝の場合は、改変にそうした手続きの必要はない。もちろん、皇帝が法をなんでも勝手に改変したりするわけではないが、いざとなれば、それができるのである。

法家は、法源は君主にあるとする一方、さらに君主を法をあやつるものとして考える。その結果、成文法としての法以外、統御（とうぎょ）の技術としての「術」を説くこととなる。いいかえれば権謀術数（けんぼうじゅつすう）（術策）である。ただし、この術は成文化されるのではなくて、君主の頭脳の中にのみ存在する。この「術」は、いわば見えない静かなエネルギーとして君主の胸の内にある。しかし、いったんそれが動き出すと、統御の効果を発揮する。なぜなら、その「術」は、動き出すと同時に、実効性を持つからである。それをさらにつきつめると、「術」が法源（君主）に由来していることがわかる。

また別の角度からいえば、この「術」は、動き出さないとき「無為（むい）」である。しかし無為こそ、「事を為（な）す（有為（ゆうい））」の母である。そういう意味で、韓非子の思想の背後に、『老子』の無為の考えかたがあるといわれている。

そうすると、法源としての君主が、成文法（法）と独断的統御（術）との二つを持って政治に臨むことになる。もちろん、そういう君主の手足となって働く「法術の士」が法家の人々であった。

『韓非子』本文には、解老（『老子』を解釈する）篇・喩老（事件やものごとを『老子』のことばで解釈する）篇というものがある。田園思想的な『老子』と韓非子との結びつきというと、奇妙な感じを与えるかもしれないが、実は、『老子』には高度な政治性があり、それを韓非子は学んでいる。

また、周王朝末は、諸侯を従えるはずの天子が力を失っていた時代である。自分は天の子だ、天の命を受けた政権だといっても、もう迫力はなかった。天子の地位の下落である。ひいては天子を支えるはずの天自身の地位の下落でもある。

とすれば、天の地位を高めるため、てこ入れが必要であった。そこで、天を支える高遠なものとしてなにかを考える必要があった。秦の時代、そして漢の時代の始めごろ、その「なにか」として「道」というものが説かれるようになる。「道」が天を支える、と。しかもその「道」は見ても見えない、聴こうとしても聴こえない或るX、或る原理であるとする。これが当時の為政者に受けた。

この「道」を説く思想こそ『老子』であった。周王朝末から秦・漢帝国の始めごろ、『老子』は韓非子以外、右のような形ででも現実政治に登場するのであった。この「道」は、あるいは法源というものを指そうとしていたのかもしれない。

六　韓非子と現代と

現代社会の特徴とは、絶対的権威がなくなったことである。宗教的世界であった中世の神はもちろんのこと、近世から現代へと世界をリードしてきた欧米先進諸国や、現代を動かしたソ連〔すでに崩壊したが〕などの社会主義国家も、もはや最高者ではない。

いま世界は、モデルや手本がなくて、とまどう個人の群れとなっている。このような時代にあることは、なにやら人間の歴史の出発点にもどったような感がある。かつて人類はモデルとするもの・手本とするものがない時代に登場し、しだいにモデルや手本を作って今日に至った。そうしたモデルや手本があるころは、それをただ真似(まね)ればよかったのであるから、生きかたとしては、或(あ)る意味では楽であった。しかし、そうしたモデルや手本を失った現代では、かえって生きかたがむつかしい。

そういうとき、経験を反省することが有用である。なにかヒントを与えてくれる可能性があるからである。その経験として最も豊富な知恵を与えてくれるのが古典である。始めに書いたように、古典に邪念はなく、長い間、人々に読み継がれ生き残ってきた人類の財産である。この古典を活用しない法はない。

その古典がわれわれに最も有用に教えてくれることは、人間観である。

自然のことについては、古典はほとんど力を失っている。なぜなら、現代の自然科学の水準と比べて問題にならないからである。また社会のことについても、現代はかつての時代から完全に変化してしまっており、その類比は困難である。

しかし、人間の場合、生物である以上、その本質は変わっていない。たとえば自己防衛――これは生物の宿命であり、太古以来、変わっていない。その本質をしっかと見すえていたのが韓非子である。〈利己的な人間〉というその徹底的な人間観をもっとよく知ることが必要ではなかろうか。

たとえば、社会主義国家のソ連や中国大陸が、今日、なだれを打って資本主義化しつつある根本原因は、〈人間は利己的である〉という真理を無視したからである。己を捨てて公（おおやけ）に奉仕する――これは聞こえはいいが、実行はむつかしい。ソ連や中国の農民が自分の収入とならない公有地で働くうちに労働意欲を失ってしまったことが、はっきりとその実行の困難さを物語っている。その不振の社会主義農業が、自分の収入をあげることができる制度にしたとたんに、息を吹きかえしたではないか。

もちろん、人間を利己的として野放しにするのがよいというわけではない。そのあとのことについては、いろいろな方法が可能であろう。しかし、その方法の選択の前に、人間が利己的であるということを徹底的に理解することが必要である。

いや、あえて主張しておこう。人間は、生物であるかぎり〈自己のために考え行動する〉のは正しい。それは生物の原則である。ネコやイヌを見るがいい。徹底的にエゴイズム、利己主義で生きている。それは生物として正しい。すなわち利己主義は善である。

しかし、動物といえども、自分以外の者と共同生活をすることになったとき、己（おの）れの利己主義を抑え、相手の立場を考慮するようになる。特に家族の場合。

すると、なんでも利己主義ではだめとなり、共同体としてのルールを作らざるを得なくなる。

そのルールの種類は大きく分けて二つである。すなわち道徳と法とである。もちろん始めは血縁集団であったので道徳であったが、血のつながりのない他者らの集団においては、法とならざるを得なかった。そのあたりから、道徳か法かという対立が生じてきたのである。

そうした事の理解のための材料として、『韓非子』は豊富な材料を提供してくれている。それを読むことは、現代に生きるわれわれにとって、絶好の反省の機会となるであろう。

韓非伝

寺門日出男

一　はじめに

韓非の伝記として最も古く、そして詳しいものは、『史記』老子韓非列伝である。もっともその大半は、作者司馬遷が『韓非子』説難篇から引用した文章であり、具体的な史実に乏しく、韓非がいつ生まれたのかも正確なことはわからない。しかし、他に史料が乏しいので、同列伝を中心に彼の生涯をたどってゆくほかはない。

二　生いたちと周囲の状況

韓非の生年については、紀元前二八〇年とする説（銭穆『先秦諸子繋年』）が有力なので、それに従っておく。周王朝が倒れ、秦王朝が成立したのは前二二一年であり、彼が死んだのは前二三四年であるから、戦国時代（前四〇三〜前二二一年、周王朝の末期）の最後を生きた人物である。

韓非は、その姓からもわかるように、「戦国の七雄」（周王は名ばかりで輩下の諸侯が抗争していたが、その七強国）の一つ、韓国の公子として生まれた。他の諸子百家と異なり、名門の出身者である。ただ彼は生まれついての吃音者で、人と話すことが不得手であったために、学問のほうに熱中するようになった。学問をする環境として韓国は絶好の位置にあったからでもある。

韓という国は、北方の黄河中流にあり（現在の山西省の南東部から河南省の中部にかかる土地）、周の都の洛陽にも近く、経済・文化の交流の盛んな先進地域であった。しかし一方、西方の秦、南方の楚という二大国に接し、絶えず圧迫されていた。

韓非が生まれたころ、韓国は戦国七雄の中で最も弱体であった。それは先に述べた地理的条件にもよっているが、何よりも外交政策のまずさが挙げられる。秦国と同盟を結んだ時には、他の五国の攻撃の的となり、逆に諸国と同盟を結んで秦を攻める時にはその先鋒にされ、戦争のたびに大きな被害をこうむっていた。

さて西方のその秦国は、孝公（前三六一～前三三八年在位）の時に法家思想家の商鞅を登用して以来、しだいに他の六国に脅威を与えるようになっていった。このころ諸国を巡って活躍したのが、蘇秦・張儀ら、舌先三寸で天下を動かす雄弁家たちである。彼らは合縦連衡（諸侯が現実的に東西あるいは南北に連盟を組んで生きぬこうとしたプラン）の策を立てたことで有名で、その策から縦横家（縦は六国が同盟して秦に対抗する、横は六国を西方の秦に服従させるプラン）と呼ばれる人たちである。蘇秦も張儀も、上層階級の出身者ではなく、庶民の出である。張儀などは泥棒とまちがえられて鞭で打ちのめされたことがあるほどの貧乏人だった。

こうした連中が、実権を握り諸国の君主を弁舌で思いどおりに操っていた。『史記』によれば、こうした舌先三寸で己の栄達をはかる縦横家は、韓国を中心とした地域に多かったようである。韓非はその韓国の公子であったわけだから、遊説家たちの巧みな弁舌や、君主を取り巻く佞臣たちの虚々実々のかけひきを、実際に見聞する機会が多かったことであろう。『韓非子』に見られる徹底した人間不信のものの見かたは、彼の育った環境から影響を受けたのではなかろうか。彼が極端に遊説家を嫌ったのは、彼が吃音者であったからかもしれないが、おそらくは遊説家の弊害を、目のあたりにしてきたからであろう。

三　韓非と李斯と

韓非は、性悪説で有名な荀子の下で学んだが、その時、同門に、後に秦国の宰相となった李斯がいた。李斯は韓非とは対照的で、平民の出身であった。『史記』李斯伝には、つぎのような興味深いエピソードが載せられている。

李斯は楚国の上蔡の人である。青年時代に郡の小役人だったとき、役所の便所にいる鼠(ねずみ)が汚物(おぶつ)を食べるのを見ていると、いつも人や犬におびえている。ところが倉庫の中の鼠が穀物を食べているのを見ると、大きな屋根の下で、人や犬におびやかされず、悠々と暮らしている。そこで李斯は、「人の賢愚(けんぐ)もこの鼠と同じで、その居場所で決まってしまうのだ」と考え、大望を抱いた。そこで荀子のもとで本格的に学んだ。

　このエピソードから推察すると、李斯の勉強の目的は単に知識や教養を身につけるといったものではなく、一介(いっかい)の平民から支配階級に這(は)い上(あ)がることにあったのである。事実、荀子の下での勉学を終えると、彼は祖国の楚にではなく、当時最も強大な国であった秦国に仕(つか)えることになる。平民出身の彼にとって国家への帰属意識などほとんどなく、個人の立身出世(りっしんしゅっせ)が目標だったのである。このような考え方をする李斯にとって、貴族出身の、しかも国家の再興のために学問をしている、言わば環境も目的も白八十度違う韓非は、おそらくいまいましい存在に見えたことだろう。

　二人の才能はどうだったろうか。司馬遷(しばせん)は「（李）斯おもえらく（韓）非に及ばずと」（老子韓非列伝）とだけ伝えている。韓非は先に述べたように生まれつきの吃音者であったから、弁舌のほうは上手ではなかったが、著述の才能は、李斯をしのいでいたようである。もっとも、李斯が凡庸な人物だったわけではない。李斯はあまり評判がよくない人物だが、政治の面では六国併合の策を献じて秦の天下統一を推進し、統一後も郡県制度や新しい文字の制定をするなど目ざましい働きをしている。また、著作においても優れた才能があり、秦王にあてた彼の上奏文は、後に詞華集の『文選』に収められているほどである。その李斯がとても及ばないと思ったのだから、韓非はよほど卓越した才能の持ち主だったのであろう。この李斯との出会いは、後に韓非の運命に大きく関わってゆく。

四　国の運命を担って

紀元前二五六年、韓国はその首都からわずか四十キロしか離れていない陽城の町を、秦によって奪われていた。韓非がいつごろまで荀子の下で学んでいたかはわからないが、おそらくこのころまでには首都に帰っていたと思われる。これに先だつ前二六四年、二六三年の秦との戦争でも、韓は領地を奪われており、情勢はかなり切迫していた。事態を憂慮した韓非は、法を明確にし、臣下のゆきすぎを抑制し、有能な人物を登用し、富国強兵を計るよう、意見書を何度か提出した。しかし、佞臣たちに取り囲まれた暗愚な君主は、韓非の意見に耳を傾けようとはしなかった。君主に説くことがいかに難しいかを述べた『韓非子』説難篇は、こうした体験に基づいたものと思われる。韓非は、特に秦に圧迫されていた韓国をどうしたら建て直すことができるかを、最も真剣に考えた人物であろう。現在に伝わる『韓非子』は、その成果であるが、皮肉なことに『韓非子』の意見は韓国の再建のためにではなく、秦の中国統一に使われることになる。

ある人物が韓非の著作を秦国に伝えた。秦王の政（後の秦の始皇帝）はその書物を読んで感動し、「ああ、わしはこの著者と交わりを結ぶことができるならば、死んでもいいぞ」と言ったと伝えられている。この話は一見奇異な印象を与える。なぜならば、秦国においては、すでに商鞅を登用して法治政治を行っていたからである。韓非の著作がいかに精緻なものであるとは言え、死んでもよいと思うほど感動したという話は少々大げさすぎるような気がする。しかし、韓非の思想は商鞅の「法」思想、すなわち君主が臣下に人民を統治させる思想と、申不害の「術」思想、すなわち君主が臣下を抑制する思想とを融合したものである。まだ「術」思想がなく、従って強国ではあっても、いま一つ天下統一に至らなかった秦王にとって、韓非の「術」思想は画期的なものに思えたのかもしれない。

五　秦王との出会い

かつて荀子の下で、韓非と共に学んだ李斯は、このとき秦の客卿（他国出身の大臣）として秦王に仕えていた。李斯は秦王に「この書物は、韓非という韓の公子が著したものでございます」と伝えた。『史記』老子韓非列伝にはこれだけしか書かれていないが、同じ『史記』の「秦始皇本紀」には李斯によって韓国の奪取が企てられたということが記されている。そうだとすれば、李斯が秦王に著者の名を教えたのは、秦王を韓攻略に向かわせ、自分より優秀な韓非を韓国もろともに葬り去るためだったのかもしれない。その真偽はともかく、韓国に危険を感じた秦王は、きびしく韓国を攻めるのである。

韓王は韓非を信任していなかったが、いよいよ事態が切迫してくると彼を秦国へ使者として派遣する。秦王は念願の韓非に会うことができて喜ぶけれども、なにしろ韓非は敵国の公子なので、信用して用いることができないでいた。また、かねて韓非をねたんでいた李斯は、姚賈という人物といっしょに韓非を中傷する。

「韓非は韓の公子です。わが君は天下統一をしようとしておられますけれども、韓非は結局は韓国のことを第一に考え、秦のためには働かないでしょう。それが人情でございます。もしわが君が彼を用いず、長く留めてから帰国させたといたしましても、後々の災いの種になるだけです。ですから罪をきせて殺してしまうのが得策でございます」と。

李斯と共に韓非を中傷した姚賈という人物は、ここ以外、『史記』には出てこないが、『戦国策』という書物に登場している。同書には姚賈と韓非との関係が窺えるつぎのようなエピソードが載せられている。

姚賈が外交政策で功績をあげたので、秦王は彼を上卿（上位の大臣）にした。そのことを聞いた韓非は、「姚賈は王の権力と財宝とを利用して、国外で諸侯と私交を結んでいるだけです。そもそも姚賈は、もとをただせば梁国の門番の息子で、盗みを働いたこともあるいかがわしい人物です。かつて趙国に仕えていて国外追放になったこともあります。あまり信任なさらぬ方がよろしいかと存じます」と、秦王に言上した。

この話が史実だとすると、姚賈は当然韓非のことを快く思っていたはずがない。しかも秦王は韓非の著作に夢中になっている。姚賈も李斯も下層階級からはい上がって大臣にはなった。しかし、自分の才覚によってとんとん拍子に出世できたということは、逆にたとえ出世したとしても、いつ他人に足を引っ張られるかもしれないということでもある。事実、先の総理大臣だった呂不韋も、秦王の信任が薄れ、ついには服毒自殺を遂げている。そうならないためには、競争相手をつぶしておかなければならない。李斯と姚賈とにとって、韓非は共通の敵だったのである。

六　罠に落ちた韓非

戦国時代は、ライバルを罠にかけるというような話に事欠かない。「孫子の兵法」という兵法家として名高い孫臏は、かつて龐涓という男といっしょに兵法を学んだことがあった。龐涓は後に魏国の将軍になるが、自分よりも優秀な孫臏が不安でたまらなかった。そこでひそかに孫臏を呼び寄せ、無実の罪をきせた。そのため、孫臏は罰として両足を切り落とされ、顔に刺青を入れられてしまった。これは、前科者という印である。

さらに、『韓非子』自体にも、これに類する寓話がある。

子圉という男が孔子を宋国の大臣に引き合わせた。孔子が帰ってから子圉が大臣に会って孔子の印象を聞いてみると、その大臣はつぎのように言った。「孔子に会った後では、〔孔子とあなたとを〕比べてみるとあなたが蚤や虱のようなつまらない人物に見える。あの人を王様にお目通りさせよう」と。子圉は孔子が宋の君主に尊ばれ用いられることを恐れ、大臣に「もし王様が孔子に会った後で〔孔子と比べて〕あなたをご覧になったら、やっぱり蚤か虱のように見えるでしょう」と言った。そこで大臣は孔子を君主に会わせることをやめた。(説林篇)

このような寓話を載せているように、韓非自身、他人の中傷がいかに恐ろしいかを十分に知っていたはずである。しかし、結局はこの罠から逃れることはできなかった。秦王は、李斯たちの言葉をもっともなことだと考え、韓非を投獄して調べさせた。李斯は王の気が変わらない内に韓非を亡き者にしようと、韓非に毒薬を届けて自殺させようとした。韓非は何とか秦王に会って申し開きをしようとしたけれども、お目通りをさせてもらえなかった。後日、秦王が思い直して赦免の使いを出した時には、韓非はすでに死んでしまっていた。司馬遷は韓非の伝記を、つぎのような言葉でしめくくっている。「韓非がせっかく説難篇を著しながら、自身がその禍いから抜け出せなかったことを、私は悲しく思うのである」と。

七　法家の悲劇的最期

峻厳な法による政治を目指す法家は、悲劇的な最期を迎える場合が多い。秦の商鞅は、自分を重用してくれた孝公が死んで後楯がなくなると、かねて商鞅に恨みを抱いていた皇太子一派に殺されそうになる。身の危険を感じた商鞅は、逃亡して関所近くの宿屋に泊まろうとする。ところが宿屋の主は「商鞅さまの法律で、旅行証明書を持っていない者を泊めると、私どもが罰せられます」と断る。商鞅は自分の作った法律のために身を隠すことができず、ついには車裂きの刑に処せられたのである。

韓非を陥れた李斯もまた、韓非と同様の運命をたどることになる。始皇帝の死後、彼は趙高という人物と謀り、太子を自殺させ、操りやすい末っ子の胡亥を二世皇帝に立てる。だが、やがて趙高の巧妙な罠にはめられ、投獄される。李斯は自分の無実を皇帝に訴えようとするが、皮肉なことに、自分が韓非の弁明を邪魔したときと同じように、彼の上書は趙高によって握りつぶされ、都の市場で腰斬の刑に処せられて死ぬ。

個人だけでなく、国家の運命についても同様なことが言える。秦帝国滅亡の引き金となったのは、有名な陳渉（勝）・呉広の乱であるが、これも元をただせば秦の過酷な法が原因であった。

陳渉・呉広は、税を納めに向かっていた一団の世話役だった。ところが、目的地にゆく途中、大雨で道が通れなくなってしまった。このままでは期限までに到着できない。期限に遅れた場合、秦の法律ではどのような理由にかかわらず死刑である。そこで陳渉と呉広とは、どうせ死ぬなら万に一つでも生きる望みのある謀反を起こそうと話し合い、反乱を起こした。その後、堰を切ったように各地で反乱する者が現れ、二年後に秦は滅ぼされるのである。

韓非たち法家の思想に基づいた秦の法治政治は、確かに乱世にあっては民心を引き締め、国家統一を目指すのには、有効であった。しかし、いったんできあがってしまった統一国家を永続させるには、むしろ逆効果だったのではないかと思われる。

それはまた政治家個人についても言えることであろう。峻厳な法で人を一時的に抑えこむことはできるが、結局は他人の恨みを買い、商鞅のように悲惨な末路を迎えることになってしまうのではないだろうか。

八　江藤新平との類似性

こうした、言わば自縄自縛のできごとは、何も古代中国のみに限ったことではない。明治維新直後の日本においても、商鞅と同じような運命を辿った人物がいる。江藤新平である。

江藤新平と言えば、征韓論論争に敗れて西郷隆盛とともに政府を去り、後に佐賀の乱を起こした人物である。だが、彼が近代国家建設のために、目ざましい活躍をしたことは、あまり知られていない。彼は天保五（一八三四）年に佐賀藩の下級藩士の子として生まれたが、幕末の動乱期にしだいに頭角を現し、維新直後の佐賀藩の政治改革に着手する。彼は能力による人材の登用、行政の近代化・合理化を進め、多大の功績を挙げた。その手腕を買われ、明治二年、新政府に抜擢される。明治五年、彼は司法卿（現在の法務大臣）となり、法治国家を目指して法律の草案作りに着手する。また、一方で近代的な裁判制度や警察機構も整備したのである。

ところが、後に江藤は自分が作った警察によって、皮肉にも追い詰められるのである。下野した後に起こした佐賀の乱が失敗に終わった江藤は、薩摩に逃れ、西郷に再挙の協力を依頼する。しかし、西郷は応じず、止むを得ず東京に行って三条実美・岩倉具視に弁明しようとして、海路で土佐（高知）に渡る。しかし、彼の手配書はすでに各県に回されており、高知に着いた時点で彼の行動は警察に把握されていた。その後、なんとか江藤に自首させたいという役人の意志で、彼は阿波（徳島）へ向かうが、県境を越えようとするところを逮捕される。江藤は裁判で弁明しようとするが、裁判の実態は、被告に十分な弁論の機会も与えず、結審以前にすでに判決が決まっているという、ひどいものだった。結審からわずか四日後の明治七年四月十三日、江藤は梟首の極刑を申し渡され、即日処刑されてしまうのである（毛利敏彦著『江藤新平』、中公新書、一九八七年）。

法を整備して近代的な国家建設を目指したこと、非常な辣腕家であったこと、最後は自分で設けた落とし穴にはまってしまうこと、弁明の機会を許されずむりやり殺されてしまうことなど、江藤の生涯は商鞅や韓非のそれに似ていて興味深い。

九　おわりに

韓非が毒を与えられて殺されたのは前二三四年、それからわずか四年後に、韓王は秦に捕らわれ、韓は亡んでしまう。さらに九年後の前二二一年、韓非の政治理論を採用した秦は、周王朝を始めとして諸国全てを滅ぼし、新しく秦王朝を建てる。その初代が始皇帝である。祖国の韓国を救おうと、韓非が心血を注いで著した『韓非子』は、韓国どころか韓非ひとりを救うこともできなかったけれども、乱世に終止符を打ち、統一王朝を建設することに貢献したのである。

中国における『韓非子』

滝野邦雄

一　法と礼と

春秋・戦国時代（前七七二〜前二二一）に活躍した学派・学者の総称である諸子百家の分類でいうと、韓非子は法家に分けられる。ところが、この「法家」という言い方は、先秦から漢代の初めまでの文献には見えない。

法家という言い方がはじめて現れるのは、漢代の司馬遷の『史記』においてである。もっとも、厳密に言うと、司馬遷の父親の司馬談が使ったのではあるが。

ここで、はじめて用いられた法家は、主として韓非子とその学派を指す。

さて、司馬談は「六家要旨」という論文のなかで、漢の初めまでの主要な学説を陰陽家・儒家・墨家・名家・法家・道家に分類し、それらを吟味し、その長所・短所を指摘した。ただし、道家に対しては特別の思い入れが認められる。これは、きわめて要領を得たものとして思想史の上で意味をもつ。その文章は司馬遷の『史記』の「太史公自序」のなかにとられている。まず、司馬談は法家について概括的につぎのように言う。

　法家は厳格であって、恩愛に欠ける。しかし、その君臣・上下の区分をはっきりと正す点は、改めるべきではない。

さらに、これをくわしく述べる。

法家は親密・疎遠を区別せず、尊貴・卑賤を分けない。もっぱら法によって処断するから、親密なものと親しくしたり、尊貴な人を尊ぶという恩愛のありかたが絶たれてしまう。これは一時的な方法とすることはできても、長期的には用いることはできない。そこで、先に概括的に「厳格であって、恩愛に欠ける」と言ったのである。君主〔の地位〕を尊厳にし、臣下を地位の低いものとし、それぞれ職分をはっきりさせ、たがいに越えられない線を画した点では、他のどの学派でも改めることができない。

このように、司馬談は、法家は上下関係をはっきりさせた点を評価するものの、人間本来にそなわったもの、儒家のことばで言えば「仁（人間愛）」を否定すると批判する。つまり、法家は人間のもつ道徳的要素を除き去ることから、その思想を構築していったと批判するのである。

ではこうした法家の思想がまかりとおっていた秦の時代はどうであったのか。司馬遷はこれを補足して次のように言う。

孔子は言う、「法律によって指導し、刑罰によって統制すると、人民はなんとかその抜け穴をつくることばかり考えて、良心に恥じる心を失う。だから道徳によって指導し、礼によって統制すると恥を知るようになり、正しくなる」（『論語』為政篇）と。

太史公（司馬遷）は思う。これらのことばはなんと真実であろうか。法令は統治の道具ではあるけれども、正邪を裁定する根本となるものではない。むかし（秦の時代）は天下に法令の網が張りめぐらされていたが、姦邪欺瞞（わるいこと）がわき起こり、それがきわまって、上も下もみな法の網をくぐり、収拾できなくなった。その当時、官吏が統治しようとすることは、燃える火を消そうとしたり沸いた湯をおろそうとするようなもので、勇敢で冷酷な人物でなければ、その任務を果たし満足することはできなかった。道徳を問題にするものは、その職務にのめりこんでいるだけだった。

〔孔子が〕「訴訟をきく能力では、私は他人と同じであろう。それより私は裁判など起こさせないような政治を行いたい」（『論語』顔淵篇）と言い、老子が「おとった人物は道について話を聞くと、大笑いする」（『老子』四十一章）と言っているのは、ゆえなき言葉ではない。

漢の時代になると（建国した高祖が秦の法律を廃止して、三条だけの法律を制定したように）、角を壊してまるくし、飾りを取って、素朴なものにした。そのため船をのみこむほどの大魚でも逃すような粗い網のような法律だったが、官吏は誠実で、悪事に走らず、人民の生活は安らかであった。ここから考えると、道徳が重要なのであって、法律はそうではないのである。（『史記』酷吏列伝）

秦・漢の時代を例として、法令だけでは、世間はうまく治められないため、道徳がやはり必要であるという。こうした考えは、儒学的立場によってなされている。また法治主義へのこうした批判は、以下、見てゆくように、一九一一年に共和制の中華民国が成立するまで繰り返される。韓非子によって批判された儒学が、この司馬遷の時代（前一三六年）に国教の地位を獲得するからである。儒学はこの後、中華民国の時代に「人を食う礼教（儒教）」（魯迅『狂人日記』）として否定されるようになるまで二千年の長きにわたって中国に君臨する。

もともと、儒学では「礼は庶人に下さず、刑は大夫に上らず（礼は、士までにとどめて、庶人にまでは及ぼさない。刑罰は士以下にとどめて、大夫以上には及ぼさない）」（『礼記』曲礼上）とか、晋国の趙鞅と荀寅とが刑鼎（法律の文を鋳た鼎）をつくった時、法律を公布しなければならなくなった晋国は滅びるであろうと孔子が嘆いたという説話（『春秋左氏伝』昭公二十九年）が示すように、法に対して嫌悪感を持っていた。これは、家族共同体から発達してきた儒教がその共同体に共通する習慣、つまりは、道徳に重点を置いていたからである。ところが、秦によって中国の統一が達成される前夜になると、共同体の道徳理念だけではうまく治まらなくなってくる。道徳・礼という主観的・感性的なものでは律しきれなくなってきたのである。どうしても、客観的に存在するものに頼らなくてはならなくなってきた。そこで、韓非子が「利」に着目して法を主張した。つまり、社会規範的な見地からすると道徳・礼が法に変化していったのである。

　この事情を明治時代の西周は『百一新論』（一八七四年）という儒教批判の書物のなかで次のように述べている。それによると、周代から漢代までの礼から法への変化について、

　礼といい法というはもと同じ人にて、始め礼と名のりたる者、後に法と改名いたしたと申すは勢を追うて申した言で、そこを詳らかに申そうならば、礼という親父が春秋の時まで勤めて死去いたした跡へ法という養子が出来たと申したら

ばよいかと存ずるでござる。（巻之上）

と比喩的に表現している。

秦国は韓非子の考えを部分的ではあるが採用する。その結果は、先の司馬遷の言うようになった。そして、漢の武帝の時代になって、法家に代わって儒学が治政の基本的原理になる。しかしその時には、儒学は道徳・礼のみを主張することはできなかった。儒学の前にあるのは、共同体ではなく、共同体を呑みこんだ統一国家というものだったからである。

班固は、『史記』に続く歴史書『漢書』のなかで、この法と礼との関係をのべる。

> 法家者流派はおそらく理官（獄を担当する官）から出たものであろう。信賞必罰（賞罰を明らかに）し、これによって礼の制度を輔けようとするものである。『易』に「先王もって罰を明らかにし、法をととのう」（噬嗑卦のことば）と言っているように、これがその長所とするところである。（『漢書』芸文志）

また、次のようにも言う。

> 礼によって人民の心を節し（きまりに従うようにさせ）、楽によって人民の声を和らげ、政治によってこれを行い、刑罰によってこれを防る。これら（礼楽・

政治・刑罰）が、四方に通じてそむくことがないのなら、王道は備わるのである。

（『漢書』礼楽志）

これは、法は礼の補助であり、法と礼との両者があい補うことでうまく治まる（王道が備わる）という主張である。以後、共同体を呑みこんだ統一国家では、法は礼の補助というこの考えが、法に対する儒家的立場を示すものとなる。だから、儒家は法を全面的に否定するわけではない。ただ法だけが前面に出てくると儒家は反発する。

法を礼の補助として取り込んだこれ以後の儒家は、法を補助的なものとして容認しはするが、仁のない法だけの主張は否定する。これが儒家の法家に対する評価であるし、法家に分類される韓非子に対する評価でもある。したがって、儒家が正統思想であるあいだは、司馬遷や班固の下した儒家的な立場からの韓非子評価が踏襲されていったのである。

二　司馬遷の評価

さて、漢の時代になって登場した歴史家の司馬遷（前一四五年ごろ～？）は『史記』において韓非子の伝記を書き、韓非子は〔人君に〕進言することの難しさをよく知っていたので「説難篇」を作り、その中にすべての場合についてふれておいた。しかし、結局は秦で殺され、〔知りぬいていたはずの危難からは〕逃れることができなかった。……わたしは独り韓非子が「説難篇」を作りながらも自分の時には脱出できなかったのを悲しく思うのである。

と、韓非子個人には同情している。しかし、韓非子の思想については、次のように言う。

韓非子は縄墨〔のように法〕を張りめぐらし、人情をたくみにとらえ、是非をはっきりとさせた。だが、その法はきわめて残酷で恩愛に欠けている。(『史記』老子・韓非列伝)

法を一面では評価しながらも、それだけでは人間性に欠けると批判するのである。統一国家としての中国を支配する理念としての法は、儒者としても認めなければならない。けれども、そこには人間性という温かみがなければならないとする。本音としては、認めなければならないのであるが、たてまえのうえからは正面きってそう断言できない。こうした批判は、儒学が国教であるかぎり、以後繰り返される。

三　班固の評価

後漢時代の班固（三二〜九二）は『漢書』というすぐれた歴史書を送り出したが、韓非子をどう見ていたであろうか。この『漢書』には「古今人表」という表がある。これは、歴史上の人物を「上の上・上の中・上の下」から「下の下」までの九つに採点し、時代順に分類・整理したものである。この表の是非や良し悪しについては毀誉褒貶が多い。もっともなかには、宋代の鄭樵（一一〇二〜一一六〇）のように、『漢書』の他の部分は他人の著書から盗んだものであるが、この「古今人表」だけは班固の自作であるからすぐれたものであると、逆に妙なほめかたをするものもある。

この「古今人表」では、孔子は「上の上」に、孟子は「上の中」にそれぞれ配当されている。そして韓非子は「中の上」に採点されている。「中の上」には他に老子・墨子などの思想家や、臥薪嘗胆の故事で名高い越王勾践などがふりわけられている。「中の上」、これが班固が韓非子にあたえた評価である。それは班固が生きていた後漢時代の意識を相当に反映していると言える。

四　王充の評価

同じ後漢時代の王充（二七〜一〇〇ごろ）は、あらゆるものを批判する人物であるが、当時の正統思想である儒学にも批判を加える。そのため、王充は、清代の銭大昕（一七二六〜一八〇四）の「名教（儒教）の罪人」（『十駕斎養新録』巻六）という語に代表されるような評価を受けつづけた。王充が正当に評価されるようになるのは近代になってからである。

その王充の著『論衡』のなかに「非韓篇」という文章がある。この「非」は「そしる」という意味で、「韓非子の学説を批判する論文」という意味である。この「非韓篇」のなかで王充は次のようにいう。

国を治める方法で、修めておかねばならないものが二つある。一つめは徳を涵養すること。二つめは武力をつけること。徳を涵養するとは、名望家を大切にし、それで賢人を尊敬していることを示すことである。力をつけるとは、血気盛んな者たちの面倒をみて用兵の巧みさを示すことである。これこそ、文武が兼ね備わり、徳と力とを具有する（ともに備える）ものである。……そもそも道徳だけでは国は治められないし、武力を使うだけでも敵は防げない。韓非子の方法では道徳を涵養できない。徐（今の安徽省）の偃王（西周時代の人。道徳だけで統治して国を滅ぼされる）のしかたでは武力を用いることができない。両者とも偏って、それぞれ欠点がある。偃王には武力をもたないための災いがあった。〔だから〕韓非子にも必ず道徳が欠けているための災いがあることが判る。

ここで王充は、国家統治には道徳と武力とが必要であることを説く。そして、韓非子の方法では、そのうちの道徳面が欠如すると批判する。

また、次のようにも言う。

　国を治めるのは、身を修めるようなものだ。自分の身を修めるのに愛情のある行いをやめてしまって他人を傷つけるような行為が多ければ、付き合われなくなってしまい、辱めを受けることになる。〔ひるがえって〕この身を修めることから、国を治めることを考えると、国を治めるのは道徳に拠らねばならないのである。韓非子は法に拠るのみで、国を治めようとした。これは、身を修めようとする人が、他人を傷つけ己れの身を修めようとするようなものである。

国家の統治を修身の延長線上でとらえて、韓非子に批判を加えるところは儒家的な発想である。このように、「名教（儒教）の罪人」（王充は儒教批判者なので、儒教側からみて罪人とする）とされる王充もやはり儒家的な発想から、韓非子の道徳的な面が欠けていることに批判を集中する。

五　諸葛孔明の評価

魏・呉・蜀の三国時代（二二〇～二六五）と言えば、諸葛孔明（一八一～二三四）などの英雄が縦横無尽に活躍する小説『三国志演義』でよく知られている。その材料になった陳寿（二三三～二九七）の書いた歴史書の『三国志』には、裴松之（三七二～四五一）という人の定評のある注がついている。その注のなかに次のような引用がある。

〔蜀の劉備が息子の劉禅を戒めた詔勅に〕悪いことは小さなことであってもしてはならない。善いことは小さいことであってもしないようなことはあってはいけない。ただ賢明さと徳と、それのみが人を服従させるものだ。お前たちの父は徳が薄かったからこれにならってはいけない。『漢書』と『礼記』とを読んでおけ。暇があれば諸子（儒家以外の哲学書）や『六韜』（兵法書）『商君書』（法家の書）を閲覧して賢くなれ。聞くところ、丞相（首相）の諸葛孔明が『申子』『韓非子』（法家の書）『六韜』を一冊ずつ書き写したが、送らないうちに〔その書を〕なくしてしまった、とのことだ。自分で求めて精通するように。（『三国志』注に引く『諸葛亮集』）

徳を持つようにと説きながら、読んでおけという本のほとんどが技術としての政治に役にたつ書物であり、その中に『韓非子』がちゃんと含まれていた。

六　劉勰の評価

梁時代の劉勰（四六六？～五二〇？）は総合的な文学理論書『文心雕龍』を書いた。そのなかに、戦国時代から魏・晋の時代にいたる思想家を論じた「諸子篇」がある。そこでは韓非子はどうあつかわれているか見てみよう。

劉勰は言う、

> 商鞅や韓非子にいたっては、「六蝨」・「五蠹」の諸篇で、孝悌を放棄し仁義をむちゃくちゃにしてしまった。商鞅が車裂きの刑にあったり、韓非子が毒薬を飲まされたのもゆえなきことではない。（『文心雕龍』巻十七　諸子）

韓非子が道徳を低くみたから悲惨な末路になったという批判で、こういった批判はこれまでに何度も繰り返されてきたことである。しかし、『文心雕龍』が文学理論書であるため他のこれまでのものと異なるところは、韓非子の文章を論じている点である。

『韓非子』は比喩が豊富である。（『文心雕龍』巻十七　諸子）

『荘子』と『韓非子』の文章をくわしく観れば、過剰な装飾がよくないほうへ流れていくのがわかる。（『文心雕龍』巻三十一　情采）

ここからすると、駢麗文（音調のバランスがある四句・六句の対句を用い、形式や華やかなことばの美しさを重んじた文体）と呼ばれる美文が流行した六朝では、名文とされる韓非子の文章は少々アクが強すぎたようである。

七　蘇東坡（軾）の評価

北宋時代の蘇東坡（一〇三六～一一〇一）は、唐宋八大家の一人であり、中国を代表する文人・政治家・学者である。詩・詞・散文・書・画などの芸術に対して万能の天分を発揮した。

さて、この蘇東坡に「韓非論」という文章がある。

聖人が、異端を憎んで力を尽くして、これを排除しようとしたのは、異端の者が天下を乱すからではない。天下の混乱がその異端からわき起こってくるからである。……司馬遷は「申不害（生没年未詳。法家の思想家）は卑近で名実の説を応用し、韓非子は法の網を張り、感情をうまくとらえ、是非をはっきりさせた。それが、非常に残酷で愛情に欠けているのも、すべて〔老子の〕道徳の説に基づいているからだ」といった。以前、わたしはこれを読んで思った。物事というものは、相談しなくても同じように感じる者がいる。荘子や老子の後にあって禍いとなるものは、申不害や韓非子である、と。

この蘇東坡の議論のなかで、目立ってくるのは韓非子を異端として非難することである。この場合、異端とは、言うまでもなく儒家に対するそれである。こうした考えはのちに朱子によって体系化される宋学の先駆的なものである。周知のように、宋学は儒家正統主義をとなえ、儒学的な価値観のみが絶対であると主張する。そして、儒学のイデオロギーを尖鋭化する。したがって、この蘇東坡の議論は、それまでの法治主義に対する儒家的な徳治主義的立場からの反発を前面に持ち出すのでなく、儒家という正統に対する異端として非難するのである。

八　朱熹の評価

南宋時代の朱熹（一一三〇〜一二〇〇）は、宋学（新しい解釈によって儒教に体系性を加えた近世哲学）の完成者であり、中国最大の哲学者である。その学問は朱子学という名称として知られ、東アジア各地に影響をおよぼし続けた。なお、朱子という言い方は朱先生といった感じの尊称である。

朱熹は韓非子について、ほとんど言及しないが、そのわずかなもののひとつをあげると、淳熙九（一一八二）年三月二日に「税賦を督責する状（奏疏）」を書き、つぎのように言う。

> 督責（君主が責任をとらせて臣下に力を尽くさせる術）という二字にいたっては、これを歴史において考えると、韓非子や李斯（秦の始皇帝の大臣）の残酷で恩愛がなく、君主を誤らせた術であって、仁者の言うところではない。（『朱文公文集』巻二十一）

やはりこれまでのように、残酷だとか恩愛がないとかいうように韓非子をとらえている。

また、蘇東坡のところでふれた「異端」について、朱熹は『四書章句集注』の「吾これがために懼れ、先聖の道を閑り、楊・墨を距ぎ……」（『孟子集注』滕文公下）の註の部分に、程顥の意見（『程氏遺書』十三）を引く。したがって、これは、朱熹も同じ考えだと見てもよいだろう。それによると、

楊朱（戦国時代の思想家。徹底的な自己中心主義をとなえる）・墨翟（戦国時代の思想家。無差別の博愛を主張する）の害は申不害・韓非よりはなはだしい。仏・老（仏教と道教）の害は楊朱・墨翟よりはなはだしい。楊朱の〔主張する〕利己主義は「義」に似ているし、墨翟の〔主張する〕博愛主義は「仁」に似ていて〔まぎらわしいが〕、申不害・韓非の説は浅く俗なので理解しやすい。だから、孟子は楊・墨をのみとりあげ非難した。その〔学説が〕世間をまどわすことがはなはだしいためである。仏・老はその説が理に近く、楊・墨の比ではない。これが、〔仏・老が〕害をなすこと最もはなはだしい理由だ。

これを見ればわかるように、韓非子はいちばん軽く扱われ、もう儒学の敵ではなくなっている。この朱熹の時代、宋学という純粋な思考第一とする思弁性のつよい儒学にとって最大の敵、すなわち異端は仏教と道教であった。それは、宋学が仏教と道教

との影響を糧に新しい儒学を成立させたからである。だから、宋学は儒学ではなく、仏教と道教と同じではないかともそしられる。そのため、自己を仏教・道教とから厳しく区別し、宋学の純粋性を強調する必要があった。

いずれにせよ、もはやこの時代になると韓非子などの法家は儒家が正面きって非難するほどのものではなくなってきたのである。

九　王応麟の評価

王応麟（一二二三～一二九六）は、南宋末・元初時代の学者で博聞多識の人である。というよりも、『困学紀聞』の作者ということでよく知られる。この『困学紀聞』はエッセイの形をとった、考証と読書ノートとの書である。

王応麟は『困学紀聞』のなかで韓非子に数条言及している。

『韓非子』（内儲説上）に、「殷では灰を街に捨てるものは罪を問うた。子貢がそれでは重すぎると思い、孔子に尋ねた。孔子は、これこそ統治の道を知りぬいた上でのことだと答えた」とある。これは、商鞅の法を殷の法としており、また孔子に託して〔発言して〕いる。法家が聖人（孔子）の言葉を愚弄するのはここ

までに至っているのである。（『困学紀聞』巻十　諸子）

ここでは、儒家正統の立場から、韓非子が孔子の発言を勝手にでっちあげたと、非難する。もっとも、先秦の文献では、他の学派の人物をとってきて自派に都合がいいように発言させているものが多い。後に古典となる文献がまだ流動していたのである。王応麟の批判は古典が一字一句たりともゆるがせにできなくなった古典として確定してしまってからの文献学者の意見である。だから、両者のあいだには隔たりがあるといえよう。

王応麟はこの一方で、

「官吏とは人民の大綱である。聖人は官吏を治めるが、人民は治めない」（外儲説右下）。この考えは、たとえ韓非子のものであっても捨てさるべきではない。（『困学紀聞』巻十　諸子）

と評価もする。この聖人を皇帝と置き換えると、そのまま当時の社会制度の肯定であることは明白であろう。よく知られているように、中国は広大な土地と人口とを持ったために、宋代以後は皇帝を頂点にしたピラミッド型の中央集権体制を敷いた。直接統治が不可能に近かったからである。こうした議論などを見ると、考証の書とみられている『困学紀聞』にもかなり経世的な面が存在することを示している。

王応麟は、『資治通鑑』（歴史書）の注釈者として有名な胡三省（一二三〇～一三〇二）と同じく南宋の末に生まれ、同じく国家（北宋）滅亡を体験した。この体験が、南宋王朝に対する思慕の情となり、異民族の元王朝への反感となる。この感情の発露が『困学紀聞』であり、『資治通鑑』の注釈であった。このうち、胡三省の注釈にどのような思いがこめられているかについては、日本という異民族の占領下の北京で同様の体験をし、胡三省に深く共感した陳垣（一八八〇～一九七一）が『通鑑胡注表微』でくわしく論じている。

いずれにせよ、一見すると考証を行ったとしか見られないような書物であっても、かなり現実に対する意見をこめて論述しているのが、中国の伝統的な著述法である。こうした伝統は、後述「一四　儒法闘争」で述べるように、現在においても見られる。

一〇　李贄（卓吾）の評価

明末時代の思想家、李贄（一五二七～一六〇二）は、陽明学派のウルトラ左派として名高い。そのゆえに七十六歳の高齢でもって獄中で自殺し、その著書は発禁処分を受け続けた。

また、李贄はふつう評判のよい人を悪く言う傾向がある。そこには、李贄一流の批評意識がこめられているという。

李贄は『焚書』という「古今未曾有の過激思想の史論」（内藤湖南『支那史学史』）を書いている。そのなかに、「孔明　後主（劉禅）のために申・韓・管子・六韜を写す」（巻五）という文章がある。これは先に諸葛孔明のところで紹介した『三国志』注を踏んでのものである。そこで李贄は、孔明が後主のために「申不害・韓非子・管子・六韜」といった書物を書き写したことを述べ、

> こうしたことから考えてみると、孔明が申〔不害〕・韓〔非子〕を喜んだのははっきりしている。しかし、それが〔後主の劉禅への〕対処薬となったかというと、承認できない。……また、申・韓とはどういう人物なのか。……彼らは各々自から一家をなしていた。自から一家をなしていたから、その学術があり、その功績があった。

と言って韓非子を評価する。

そして、それに続けて儒家を欲望のみ多くて、仕事ができないと批判して、諸葛孔

明を槍玉にあげる。諸葛孔明も多欲で魏に対して無益な戦争を仕掛けたというのである。このように儒家や諸葛孔明を槍玉にあげるのであるから、韓非子が例外的に評価されるのも理解できるであろう。

二　盧文弨の評価

盧文弨（一七一七〜一七九五）は、古典の校訂を専門にした考証学者である。清の時代は、考証学が全盛であったといわれる。この考証学とは、おおざっぱに言えば、孔子の祖述した経典（文献）をできるだけ孔子の考えにそって理解しようという文献学である。だから、考証学は朱子学を中心とする宋学を空論（形而上学）を行うものとして嫌悪した。その理由は、宋学が古（漢代の訓詁学）を尊ばなかったためであろう。しかし、宋学の立場からするとこの批判はあたらない。宋学の興味の中心は訓詁学（経典の解釈学）にあったのではないからである。

さて、盧文弨は「韓非子の後に書す」という文章のなかで次のように言う。

商鞅・韓非子の法家の術というものは、秦を強国にした。しかし、秦がすぐに滅亡にいたったのは、法家の術の知るところではなかった。いま、清王朝という聖道のおおいに明らかな時代にあたって、法家の学説のあやまりは、人であれば理解しおおせるものであって、禁止などして取り締まるまでもない。

これはまったくの否定である。理由もあったものではない。ところが、それに続けて、

〔韓非子は〕辞弁（文章・言葉）がおもしろい。だから、人々は愛好する。（『抱経堂文集』巻十）

という。朱子のところで述べたように、この以前からすでに法家は異端ですらなかった。儒学を脅かす存在ではなかったのである。だから、「法家の学説のあやまりは、人であれば理解しおおせるものである」という。あやまりはすでに明らかなのであるから、禁止する必要もない。ただ、その辞弁がおもしろいと言っておればよかった。

清代の乾隆帝・嘉慶帝（一七三六～一八二〇）の時代には、この盧文弨のように韓非子について述べた学者はいる。しかし、そのほとんどは考証学という立場から、つまり儒学の経典を研究するという文献学的な立場から、韓非子に興味を示したものである。したがって、その議論はほとんどすべて『韓非子』という書物の文献学的な考証についてのみであるといっても過言ではない。

二　梁啓超・胡適の評価

清末時代から中華民国に活躍した梁啓超（一八七三〜一九二九）は、ジャーナリスト・近代改良主義者・学者などたくさんの顔をもつ。

梁啓超は、『要籍解題及其読法』「韓非子」のなかでこう言う。

韓非子についての研究は、いまなお未熟である、開拓すべきところははなはだ多い。韓非子の文章の価値は、唐・宋の時代から文学者が多く触れている。韓非子の文章の最もすぐれたところは、砦がどっしりと存在し、不敗の土地に立って敵のほこさきを阻むところだ。「名学（形式論理学）」に造詣が深くなければ、近づけない。だから、〔西洋の形式論理学を理解するためにも〕今学ぶべきである。内外儲説などの諸篇は、「純文学」のうえでまた価値がある。

ここには批判はない。名学とか純文学とか新しい西洋的な見方で韓非子を評価していこうとする。

論理学を西洋思想を解く鍵だと考えたために、梁啓超は伝統的な中国思想の中にもそれを探ろうとする。その試みが、この新しい『韓非子』解釈となる。もうそこには儒学的立場からの批判は見られない。また、梁啓超は『先秦政治思想史』「法家思想(其二)」のなかで、申不害などの法家をルネサンス期イタリアの政治学者マキァベリの考えのようなものだとも言っている。こうした新しい観点からの評価は、近代中国におけるウェスタン・インパクト(西欧の衝撃)の影響によってなされた。この梁啓超の生きた時は、西欧文明の優位性を認めながらも、古くからの文明国であるという立場から、西欧への抵抗として、すでに中国にそうした文明の淵源が存在したことを強引に導いてこなければならなかったのである。したがって、そうした努力がこの評価にもあらわれているといえよう。

胡適(一八九一~一九六二)は、一九一〇年にアメリカに留学、コロンビア大学でプラグマティズムの代表的思想家であるジョン・デューイ(一八五九~一九五二)に師事する。胡適は、白話(口語)文学を提唱した人物としても知られるが、本人は哲学史家を自認していたし、哲学史研究においてもすぐれた研究を残している。

胡適は『中国哲学史大綱』(上巻)「第十二篇　古代哲学の終局　第二章　所謂法家」のなかで、思想史的に『韓非子』を取り上げている。

韓非子はきわめて歴史の進化を信じた人物である。ゆえに〔『管子』などの

「無為」の政治をしようという」保守的な法治主義を承認しなかった。

プラグマティストである胡適は、『韓非子』のなかに進化論を見る。これは周知のようにプラグマティズムが進化論の影響を受けていたからである。

二三　侯外廬の評価

侯外廬（一九〇三〜）は、馮友蘭（一八九五〜）と双璧をなす現代中国の思想史家である。一九二七年にフランスに留学して、パリ大学でマルクス主義哲学と、政治経済学とを学ぶ。一九三六年に『資本論』第一巻を中国で最初に翻訳出版する。文化大革命中は批判され失脚する。後には復権して、中国社会科学院歴史研究所所長などをつとめた。

この侯外廬が中心となって約十年がかりでまとめた『中国思想通史』全五巻六冊は、マルクス主義の立場から書かれたもので、中華人民共和国の標準的評価を示すものとされている。この書物は古代から十九世紀中ごろまでの中国の思想史を、唯物論と唯心論との抗争対立史としてとらえようとするものである。もっともそこには唯物論を進歩的で良く、唯心論を保守的で悪いというように機械的に評価しすぎるという批判も存在する。

さて、この書では韓非子の歴史進化論など梁啓超・胡適等がすでにとりあげたような面にも触れている。しかしなによりも、

韓非子の世界観は老子・荀子の伝統を受け継ぎ、それによって天道思想の面では唯物論の要素に富んでいるのである。(『中国思想通史』第一巻下篇　六二五頁)

と言って、韓非子の唯物論的側面を評価しようとする点が今までに見られなかったものであろう。

一四　儒法闘争

儒法闘争とは、現代中国大陸における文化大革命の後期に四人組文革派の指導のもとに展開された、批林批孔(林彪を批判し、孔子を批判する)運動の半分をになった運動である。儒は儒家を法は法家を表す。中国の歴史・思想史を儒家と法家との闘争の歴史として理解しようとするものである。

儒家が奴隷支配の貴族階級を、法家が封建地主階級をそれぞれ代表するものとし、当時にあっては、儒家の立場を反動的、法家を進歩的と考える。そこでは韓非子を、

「荀子の考えのポジティブな部分を継承し、李悝（前四五五～前三九五）・商鞅（前二九〇?～前三三八）等の前期法家思想の集大成者となった。彼は孔子や子思・孟子学派の考えに対してまた一歩進んだ批判を行った」（楊栄国「春秋戦国時代の思想領域における二つの路線の闘争」『紅旗』一九七二年十二期）と言うように、主に反儒家の立場をとった面を評価する。孔子・孟子などの儒家を批判するために、韓非子などの法家をとりあげ、それを評価していこうというものであった。

こうした運動は、もともと中国政府内の権力闘争から導きだされたものである。批林批孔と儒法闘争の論文は四人組（毛沢東夫人の江青ら四人の人物。文化大革命期に政治的権力を握っていたが、後に批判され失脚する）の指揮のもとに執筆された。その内容をいえば、秦の始皇帝への高い評価は、毛沢東へのものであり、呂后（?～前一八〇。漢の高祖の皇后、高祖の死後呂氏一族を重用し政治の実権を握る）や則天武后（六二四?～七〇五。唐の高宗の皇后から、一時国を簒奪して周という国家を建て、中国史上唯一の女性皇帝となる）への評価は江青（毛沢東夫人）の国家主席就任への準備を意味するものであった。また、孔子批判はある時点では周恩来（首相の地位にあり、毛沢東とならぶ実力者）批判となっていた。したがって、この法家・韓非子評価は一九七六年十月の四人組の逮捕とともに、たとえば「批儒評法（儒家を批判し、法家を評価する）は仮のもので、簒党奪権（共産党政権を奪う行為）が真実である」（師皐『紅旗』一九七七年第一期）というような論文が出されて否定されるようになる。しかし、この運動が従来あまり顧みられなかった多くの法家思想家を新しい面から取り上げて発掘していった点は、評価できよう。

一九八八年ごろは、鄧小平の「四つの近代化」の政策とともに、孔子も復活し、従来の侯外廬のようなマルクス主義的な評価だけでなく、歴史的事実に即した実証主義的な研究も現れるようになってきている。その後の展開についても述べたいが、紙幅がなく、ここで一応、筆を擱く。

日本における『韓非子』

竹田健二

一　はじめに

森鷗外の小説『ヰタ・セクスアリス』の中に『韓非子』を愛読する青年が登場する。彼が『韓非子』を好んで読むことは、友人の間で有名であり、ある友人が彼に贈った詩の一節に、「竹窓　夜静かにして韓非を読む」とあるほどであった。『韓非子』を愛読するこの青年に対して、主人公は彼の性格を「刻薄（酷薄）」だと思っていた。というのも、『韓非子』が「刻薄の書」として有名だったからである。

たとえばこのように、古代中国の思想家、韓非の思想を今に伝える『韓非子』は、日本においてよく知られていた。

もちろん『韓非子』はいわゆる法家の書であるため、四書五経など儒家の経典、あるいは『史記』『三国志』など歴史書ほど広くは読まれなかったであろう。また、そこに説かれている思想が、人間の善意を認めない、徹底した性悪説の立場に立つものであったため、それこそ「刻薄」に過ぎるとして遠ざけられたこともあったであろう。

しかし、『韓非子』に強く魅力を感じた人々も少なくなかった。ここでは、そうした日本人がどのように『韓非子』を読んできたのか、江戸時代を中心にして追ってゆきたい。

二　天下人必読の書

『韓非子』の思想は、秦帝国による中国統一（前二二一年）を目前にして緊迫する戦国時代末期を背景にして生み出された。したがって、そこには、君主制における君臣関係という問題や行政技術上の問題などについての鋭い指摘が数多く含まれている。

そのため、日本において、『韓非子』は政治の世界に身をおく人々によって特に重視されてきた。江戸時代の学者、津田鳳卿は『韓非子』を評して、「宜しく一部を写し、人主の左右に置きて不断に講読」すべき「天下人必読の書」（『韓非子解詁』）と言う。

むろん、こうした考え方自体は江戸時代に始まるものでなく、『韓非子』が日本に伝来して以来の、代表的なとらえ方であったと考えられる。もっとも残念ながら、『韓非子』がいつごろ日本に伝来したかは明らかでない。

八九一年ごろ、平安時代の藤原佐世が編纂した『日本国見（現）在書目録』（当時日本に存在していた書籍の目録）を見ると、そこには法家の書として『管子』『商君書』、そして『韓子』十巻が記されている。

『韓子』とは『韓非子』のことを指す。「韓非子」はもともと「韓子」と呼ばれていたのだが、後に唐の有名な韓愈すなわち韓子と区別するために「韓非子」と称されるようになった。したがって、『韓非子』自体は遅くとも九世紀の末までには伝来していたであろう。

しかし、おそらく伝来時期はさらに遡ることができよう。小島憲之『上代日本文学と中国文学・下—出典論を中心とする比較文学的考察—』（塙書房、一九六五年）によると、孝謙天皇のとき（七五七年）に皇嗣問題が起きたことを伝える『続日本紀』（七九七年）の記事の中に、大納言藤原仲麻呂の発言として次の語句が記されている。

「知レ臣者莫レ若レ君、臣（の価値）を知る者は君に若くは莫く（君のレベルを知るのが第一）、
知レ子者莫レ若レ父」子（の価値）を知る者は父に若くは莫し（父のレベルを知るのが第一）。

この語句は、『管子』大匡篇や『春秋左氏伝』僖公七年にも、二句が逆になった形、あるいは前半部分のみの形で見えるため、その出典をにわかには判断できないが、

全く同一の語句が見えるのは『韓非子』十過篇のみであることから、『韓非子』を出典としている可能性が最も高いと思われる。そうであるならば、日本に『韓非子』が伝来したのは八世紀以前にまで溯ることができるのである。

しかも、この語句は「当時の官吏の口にしていた句であり、書物をこの際わざわざひらいたものではあるまい」とする小島氏の見解に従うならば、伝来以降、『韓非子』は当時政治に携わっていた貴族・官僚達によってかなり熱心に読まれていたと考えられよう。

もちろん、この語句が仲麻呂自身の発言であったにせよ、あるいは後世の人の面白くさせる潤色によるものであったにせよである。これも君臣関係の問題に対する『韓非子』の鋭い指摘が、当時の知識人達にとって十分現実的な意義を持つものとして受けとられていたからにほかなるまい。単なる教養といったものであったとは考えにくい。

三 『群書治要』の『韓非子』

言うまでもなく、『韓非子』の思想を現実的観点から高く評価し、応用しようとすること自体は、すでに中国においても見られたものであった。その一つの現れとして、中国の『群書治要』という書物に『韓非子』が引用されていることがあげられよう。この『群書治要』は日本でもかなり重視された書物である。

『群書治要』は、秘書監（宮中の文書や記録等を司る役所の長官）であった魏徴らが唐の太宗の勅命を受け（六三一年）、六経・史書・諸子などのさまざまな書物から、政治の肝要な点について説いている部分を抜粋して集めた書物である。

この『群書治要』は、九世紀以降、歴代の天皇に対して当代一流の学者達によって進講された（川口久雄『平安朝の漢文学』吉川弘文館、一九八一年）。

たとえば仁明天皇は、『荘子』『漢書』と共に、『群書治要』の進講を受けた。また清和天皇は『御注孝経』『論語』『史記』と共に『群書治要』の進講を受け、醍醐天皇も『史記』と並んで『群書治要』の進講を受けている。

もちろんその目的としたところは、天皇に対していわゆる帝王学の教育をほどこすことにあったが、そうした目的で天皇にしばしば進講された『群書治要』の巻第四十には、まさに『韓非子』からの引用が含まれているのである。

『韓非子』からの引用は十七条あり、分量的には他の書物からの引用にくらべてけっして多くはない。しかしながら、国家の統治にあたる君主が犯してはならない過ちの十条を説く十過篇の冒頭部分をはじめ、説話も交じえながら、君主としての心がけについて説く部分が引用の中心をなしており、まさに帝王学の教育にふさわしい内容となっている。

わずかな引用を通してではあるが、『韓非子』は天皇に対する教科書的役割をも果たしてきたのである。

四　江戸時代の『韓非子』

日本における『韓非子』を考える場合、最も重要な時期は江戸時代をおいてほかにない。なぜならば、江戸時代には多くの漢学者によって盛んに『韓非子』の研究が行われ、その結果、すぐれた成果が続々とあげられていったからである。

中国において『韓非子』の権威ある注釈というものは、近代にいたるまであまりなかった。ところが、江戸時代に日本で著された注釈書は、内容的に水準の高いものが多く、中国でも高く評価されたものが少なくない。

そうした注釈書の先鞭をつけたのは、荻生徂徠の『読韓非子』である。

徂徠は「先王の道」を伝えるものとして六経を尊重した。そこで徂徠は、後世の注釈書、特に朱子に代表される宋代の儒者の手による注釈を否定し、あくまでもその原典を忠実に理解することにつとめたのであるが、彼が重視したのは六経や四書にとどまらなかった。『荀子』をはじめとするさまざまな諸子の書や司馬遷の『史記』など、前漢（前二〇二～後八年）以前の多くの文献に対しても関心を抱き、研究の対象としていったのである。『読韓非子』の執筆も、そうした幅広い学問の一環としてであった。ただ残念なことに、この『読韓非子』は未定稿に終わり、刊行されるにいたらなかった。しかし、この本の後世に与えた影響は大きく、これに触発される形で次々と多くの『韓非子』注釈書が執筆されていったのである。

その中でも、蒲阪圓の『増読韓非子』『定本韓非子纂聞』、太田方の『韓非子翼毳』、津田鳳卿の『韓非子解詁』は特に有名であり、これらは、徂徠の『読韓非子』とともに、後に中国で出た陳啓天の『韓非子校釈』（一九四〇年）、及び陳奇猷の『韓非子集釈』（一九五八年）の中に頻繁に引用されている。なお、今日、『韓非子』を読むとき、陳啓天・陳奇猷の注解が重視されている。

蒲阪ら三人がそれぞれの著作に取り組んだ時期は、ほとんど重なりあっている。江戸時代を代表する三人の研究が相い前後して著されたのは、全く驚くべきことであると言えよう。

五　太田方の『韓非子翼毳』

右の三人の研究の中でも、最もすぐれているものとして名高いのが太田方の『翼毳』である。太田方は福山藩に仕える学者であった。

太田方は、『翼毳』執筆に着手後十数年にわたって研究を継続していたのだが、あるとき火災が江戸の藩邸近くまで迫ったことがあった。その経験から、太田方は『翼毳』の刊行を決意し、そしてまだ脱稿しないまま、刊行に取り組み出した。享和元（一八〇一）年、執筆開始以来十八年目のことである。

ところが、それからが太田方にとって文字通り悪戦苦闘の連続であった。まず二万余りの活字（木製）を購入して印刷をはじめたのであるが、この活字が具合の悪いもので、全く作業がはかどらない。やむなく職人を雇い、この活字の調整にあたらせると同時に、不足する活字を新たに作らせなければならなかった。

ともかくなんとか三万余りの活字を整え、太田方は印刷を再開した。ところが折悪(あ)しく、夫人が病(やまい)を得て臥(ふ)したのである。五人もの幼子(おさなご)を抱(かか)えての作業は難航を続け、ついには生活も困窮(こんきゅう)してきたために、二年にわたって作業を中断せざるをえなかった。

こうして太田方の『翼毳』は、危(あや)うく日の目を見ることなく埋(う)もれてしまいかねないところにまで追いつめられてしまったが、ここにいたって、甥(おい)の塩田屯(しおたとん)が資金援助に乗り出してくれた。

こうして作業を復活させた太田方は、強力な助手も得ることができた。子供たちである。活字を彫(ほ)る長男の周(しゅう)（十三歳）を筆頭に、次男の信助(しんすけ)、三男の三平(さんぺい)も印刷を手伝った。父子四人が力をあわせて作業に取り組んだ結果、文化五（一八〇八）年、ついに『翼毳』の刊行が成ったのである。

このとき印刷されたのは、わずか二十部であった。しかし、その学問的内容の優秀さと、その刊行に払われた太田父子の苦労とを思うと、『翼毳』はまさに偉大な業績と呼ぶにふさわしい。

六　蒲阪圓(ほさかえん)と太田方(おおたほう)と

太田方の『翼毳』に勝るとも劣らないのが蒲阪圓の研究である。

蒲阪圓が『増読韓非子』の執筆をはじめたのは寛政九（一七九七）年、二十三歳の時で、享和元（一八〇一）年には脱稿し、翌享和二（一八〇二）年には刊行されている。この『増読』は太田方にとっても益するところがあった。『増読』が刊行されたのはまさに太田方が『翼毳』の刊行に取り組みだした翌年であり、太田方は作業を進める一方で『増読』を入手し、さっそくその取るべきところを『翼毳』に引用している。

しかし蒲阪自身は、『増読』のできに満足していなかった。主としてその体裁に対する不満から、彼は『定本韓非子』の執筆に着手する。そして文化五（一八〇八）年の夏、『定本』の稿本を手に、蒲阪圓は、『翼毳』の刊行が成った直後の太田方を訪問した。

初対面の二人はたちまちのうちに「同好相い投じ、一面して故（昔なじみ）の如く」なり（『纂聞』題言）、太田方は『翼毳』を、蒲阪圓は『定本』の稿本をそれぞれ贈り、さらにその後も二人はしばしば往来しあったという（猪口篤志「邦人の韓非子研究について」東洋研究二・三合併号、一九六二年三月、大東文化大学東洋研究所）。

こうして二人は接触したのであるが、それは研究上少なからぬ成果をもたらした。

すなわち太田方は『定本』を得た後、さらに『翼毳』に改訂を加えていった（川合孝太郎「韓非子三家注に就いて」東洋文化九五・九六号、一九三二年、東洋文化学会）。一方『定本』を副本もないまま贈った蒲阪圓も、『翼毳』の説をおおいに参考にしながら、新たに『纂聞』を翌文化六（一八〇九）年に完成させ、その後さらに改訂を加えていったのである。

七　津田鳳卿の『韓非子解詁』

しかし、太田方・蒲阪圓両名の著作は、学問的内容が非常にすぐれていたにもかかわらず、江戸時代にはさほど流布していなかった。それに対し、圧倒的規模で流布していったのは津田鳳卿の『解詁』である。

『翼毳』の原刊本はわずか二十部、『増読』はともかく、『纂聞』は刊行もされていなかった（昭和七年に崇文叢書に収められた）。しかし、津田鳳卿の『解詁』は印刷に印刷を重ね、「殆んど読めないまでに板（板木）の磨滅した本がある」（前掲川合論文）というのである。

この『解詁』が最初に刊行されたのは文化十四（一八一七）年であるが、その後何度か改訂が行われ、その版本には三種類あることが知られている。興味深いのは、そうした改訂が蒲阪圓とかかわるものであったという指摘がなされている点である。すなわち、津田鳳卿が『解詁』の執筆にあたって『増読』を参考にしたことはまちがいなく、『増読』に見える説がしばしば『解詁』にも引用されている。ところが、その引用のしかたが良くなかった。それが自説ではなく蒲阪の説だということをあらかじめ断ったところも少なくないが、断っていないところもままあったのである。

こうした欠点を含んだ『解詁』が刊行された後、それを知った蒲阪が怒り、強硬に抗議した結果、津田が改訂本を出したと言われている（前掲猪口論文）。もっとも『解詁』の改訂は津田が自発的に行ったもので、蒲阪の抗議によるものではないという説もある（前掲川合論文）。

津田鳳卿は大藩の加賀藩に仕え、家塾も設けており、前の二人にくらべ恵まれた環境にあった。おそらく意図的ではなかったと思われるが、盗作と疑われてもおかしくない過ちを犯したことは、津田自身の説に見るべきところがあるだけに惜しまれる。

八　韓非とマキャベリと

江戸時代におけるすぐれた研究・注釈の伝統は、明治に入ってからも失われることなく、現在にいたっている。ただ、特に欧米文化との交流が盛んになるに伴い、これまでにはなかった新しい視点に立ち『韓非子』を読む傾向も生まれてきた。その中でも顕著なものが、イタリアのルネッサンス期の政治思想家マキャベリと韓非とを比較するというものである。

韓非とマキャベリとの比較は、明治の思想家田岡嶺雲(たおかれいうん)の『韓非子評論』あたりにはじまる。

田岡は特に両者の類似(るいじ)点に着目し、まず両者の境遇に類似点を見出(みいだ)す。すなわち、マキャベリの時代、イタリアの命運(めいうん)はドイツとフランスとの両大国の意向にかかっていたのだが、戦国時代の韓非の母国である韓の命運も、秦(しん)・楚(そ)の両大国の動きにかかっていたからである。また、マキャベリの著書『君主論(くんしゅろん)』の刊行が法王クレメント七世の助力によってなされたことと、韓非の著作が秦の始(し)皇帝によってよろこばれたということは、その説が当時の権力者によって支持されたという点で類似する。

さらに両者の思想内容については、まさに「二人殆(ほと)んど符(ふ)を合(がっ)するが如(ごと)き」だと指(し)

摘する。

たとえば、君主は時代の変化に対応した政策を取らねばならないと説く点、また人間というものは本来的に善なる性情を備えておらず、ただ自らの利益のみを追求して行動するものだと考える点、あるいは君主に対して、佞臣をのさばらせぬよう厳しく臣下を統制することを要求する点等々、実に多くの点で両者の思想は類似し、「其の細節に至りては多少の同異ありと雖ども、要するにマキアヴェリと韓子とは、地を異にし、時を隔てて、期せずして同一の思想を抱けるものと見るを得べし」と言う。

もちろん両者の相異点に対する指摘もなされた。たとえば本田済『韓非子』解説（筑摩書房、一九六九年）は、「圧制に慣れた民は、これを征服したあと治めやすく、自由に慣れた民は治めにくい」という意味のことをマキャベリは述べているのに対し、多数の国家は存在していたものの、そこに政体の差といったものが認められない戦国時代の韓非においては、当然そうしたインターナショナルな感覚を見出せないと指摘する。

ともあれ、時空を越えて、二人の思想家に共通する点を見出せること、特に人間観の部分に類似が見られることは興味深い。『韓非子』が、人間というものをいかに鋭く見ぬいていたかを物語っているからである。

後記

本書は、書名を『韓非子——悪とは何か』とした。

それと言うのも、人間悪は、どうしようもないものではあるが、生命である以上、必ずだれしもが持っている。〈己れの生命を守る〉以上、エゴイズム——利己主義、いや自我中心主義それ自体は正しい。

しかし、残念ながら、己れ以外の人、すなわち他者と共存するとき、エゴイズムの主張はさまざまなトラブルを生み出す。

まずこう嘲(あざ)けられる、エゴイストと。そして〈悪〉とされる。

己れを守るという己れにとっての〈善〉が〈悪〉に化すのである。それはつらいことであり、人間だれしもが悩む。

では、どうすれば良いのか——その悩みに対して具体的に答えているのがこの『韓非子』なのである。

聞くところでは、〈利己〉を超え、〈利他〉へ進め、という在りかたが、京セラの稲盛和夫氏を中心にして広がっているという。

〈利己〉から〈利他〉へ――これは、集団生活をする人間に与えられた永遠の課題である。その課題に対して古典の多くは、なんらかの解答を示している。

それら古典の中で、この難問に対して具体的な解答を次々と数多く出しているのが、『韓非子』なのである。ならば、あえて言おう。利他を志すのならば、まず『韓非子』を読め、と。

本書の元である講談社版の後記を記す。

本書は、周鍾霊・施孝適・許惟賢主編『韓非子索引』・附録「韓非子原文」（一九八二年、中華書局刊）を底本とし、適宜修訂した。なお、本書に収録したものは『韓非子』のすべての文章ではなく、ある規準で選び出した。その際、原文やその書き下し文は省略し、訳文だけとし、若干の注をつけた。また訳文の排列は底本の順序と異なる。

訳文は、本田濟訳『韓非子』（筑摩書房、一九六九年）を大きな参考としつつ、①〜⑰を滝野邦雄、⑱・⑲を佐藤一好、⑳〜㉓を石橋成康、㉔・㉕を中島渡、㉖〜㉚を小谷喜一郎、㉛〜㉞を笠原祥士郎、㉟〜㊴を衣笠勝美、㊵〜㊷を片山一、㊸〜㊺を堤保仁、㊻〜㊾を西川陽子、㊿〜(52)を宮崎紀久、(53)〜(55)を長谷川国男、(56)〜(64)を寺門日出男、(65)〜(69)を今井奉一、(70)〜(90)を竹田健二諸氏がそれぞれ担当した。ただし、すべてにわたって加地が修訂を加えたので、もし欠点があれば、その責任は加地に在る。

本書の刊行について金谷治先生、滝野邦雄・佐藤一好両氏、ならびに編集部の片山幸久・仁科幸雄両氏にたいへんお世話になった。ここに多大の感謝の意を表し申しあげる。

昭和六十三年十月十五日

孤剣楼　加地伸行

再版とはいえ、本書の刊行に一つの不思議を感じている。率直に言って、本書の初版（講談社刊）について、老生、耄碌のせいか、ほとんど忘れてしまっていた。ところが、或る日、産経新聞出版の瀬尾友子氏から、同書の再刊企画の御提案をいただいた。現代社会にとって最有用、と。

こうして完成した新版の本書、悩めるビジネスマン諸氏にぜひお読みいただきたい。

瀬尾友子氏に深甚の感謝を申しあげる。

なお、読者の方で、本書に関わりました石橋成康・片山一・長谷川国男三氏につきまして、その現住所を御存知の方は、本書刊行者の産経新聞出版（電話〇三・三二四二・九九三〇）にお知らせいただけませんでしょうか。

令和四年五月五日

孤剣楼　加地伸行

加地伸行（かじ・のぶゆき）

昭和十一年（一九三六）、大阪市に生まれる。中国哲学史専攻。文学博士。現在、大阪大学名誉教授。

主要著書

『中国論理学史研究』・『日本思想史研究』・『考研究』・『中国学の散歩道』（研文出版）・『儒教とは何か』（中央公論新社）・『孔子』『論語』（角川書店）・『論語』『孝経』（講談社）その他

寺門日出男（てらかど・ひでお）

昭和三十三年（一九五八）、秋田県に生まれる。中国哲学史専攻。都留文化大学教授。

滝野邦雄（たきの・くにお）

昭和三十二年（一九五七）、京都市に生まれる。中国哲学史専攻。和歌山大学教授。

竹田健二（たけだ・けんじ）

昭和三十七年（一九六二）、島根県に生まれる。中国哲学史専攻。島根大学教授。

韓非子(かんぴし)　悪とは何か

令和４年７月22日　第１刷発行

著　　者　加地伸行
発 行 者　皆川豪志
発 行 所　株式会社産経新聞出版
〒100-8077 東京都千代田区大手町 1-7-2 産経新聞社８階
電話　03-3242-9930　FAX　03-3243-0573
発　　売　日本工業新聞社　電話　03-3243-0571（書籍営業）
印刷・製本　株式会社シナノ
電話　03-5911-3355

ISBN 978-4-8191-1415-8